감춘 사랑, 감싼 사랑

괄호 안 하트

시절

(♡)

(♡)

들어가며

"있잖아… 비밀 하나 알려줄까?"

언젠가 제게 작은 목소리로 비밀을 털어놓은 친구가 있었습니다. 반대로 저의 비밀을 누군가에게 말한 적도 있었고요. 그 순간을 위해 우리는 얼마나 오랜 시간 고뇌했을까요. 말 못 할 고민을 홀로 품고 있어야만 했던 걸까요.

당신에게도 남몰래 숨겨왔던 마음, 혹은 깊은 곳에 감춰둔 비밀이 있을 겁니다. 누구에게도 꺼낸 적 없지만, 사실 알아주길 바라는 것인지도 모르겠습니다. 동전의 양면 같은 이 마음, 아마도 그것이 상처 없이 온전하기만을 바랐던 진심에서 비롯한 것이겠지요.

"주머니에 든 거 뭐야?"

나조차도 미처 몰랐던 진실을 먼저 알아채는 이도 있습니다. 사려 깊은 사람이라면 조심스레 물어오겠죠. 그의 말 한마디에, 혹은 손짓에 용기를 내는 사람들이 있습니다. 이런 것들을 하나씩 발견하고 차차 알아가는 과정을 어른이 되는 일이라고 부르는 걸까요. 주머니 속에, 마음속 깊이 품은 것들을요.

괄호 안에 감춰둔 하트가 있습니다. 용기가 없어서, 확신이 없어서, 미처 잘 몰랐던 탓에 괄호를 열고 마음을 담은 뒤 괄호를 닫았죠. 괄호가 아니고서야 불가능했던 마음과 비밀에 부쳐야만 했던 문장들. 더는 참을 수 없어 먼저 꺼내 놓습니다. 그래야 다음이 있음을 알기에. 누군가가 먼저 열어 보여준 괄호 속 사정, 지금 여기 열다섯 작가가 꺼낸 사랑을 펴냅니다.

괄호 안의 하트들. 더 늦기 전에, 용기 내 그 비밀을 하나씩 선사합니다.

들어가며

10	너는 모르겠지만 너에게 | 이영훈
22	그 밤의 콩국수 | 오종길
30	슈뢰딩거의 연애 | 김나연
42	사랑이라 하지 말아요 | 김소현
50	공터와 심심함 | 강우근
62	당신에게서 비롯된 | 곽다영
72	난 오늘도 행복하기를 선택할 거야 | 백팩
92	사랑까지 포기할 순 없잖아 | 강혜영
104	ㅇㅏㄴㄴㅕㅇ | 정경훈
116	자유(사랑) | 류호우
124	호텔 바캉스 | 정규환
134	회사에서 생긴 일 | 킴(김기환)
148	그러모은 양손의 가재 | 어진
162	최첨단 사랑 기술 | 신유보
170	괄호의 얼굴 | 이하가람

나가며

너는
모르겠지만
너에게

이영훈

채소 생활을 즐기며 서울에서 삽니다.
종종 사진을 찍고 소설을 씁니다.

초등학교에 올라가 두 번의 계절이 지났을 때쯤의 일이다. 가을에 태어난 나는 시골의 논길이 드넓게 펼쳐져 있는 하굣길을 지나다 고백을 받게 된다. 학교를 벗어나 집으로 돌아가는 길에는 작은 비밀들이 둘 사이에 새어 나와 우정을 돈독하게 하는 역할을 했는데 그 비밀은 센 척하던 옆 반 친구가 사실은 개구리가 무서워 아지트에 가지 않았다는 소문이라든지, 담탱이가 교생 쌤에게 꽃다발을 주는 것을 몰래 봤다든지, 축구를 좋아하는 척했지만 실은 점심시간엔 너랑 철봉 위에 올라가 운동장을 보는 게 훨씬 재밌다든지 하는 것들이었다. 그날의 고백은 이전과는 달리 조금 더 특별한 형식으로 전달되었는데 신발 가방 앞에 있던 작은 주머니에서 상아색 편지봉투를 꺼낸 그 친구는 그날 내게 오래 숨겨왔던 비밀을 전한다. 그 비밀은 두 가지 종류의 고백이었는데,

마음속에 감추어 둔 것을 꺼내는 의미에서도 고백이었지만 동시에 나를 좋아한다는 고백이기도 했다. 편지의 마지막에는 연필심으로 선명히 이런 글자가 새겨져 있었다. "나 너랑 결혼하고 싶어. 우리 커서 꼭 결혼하자."

그 당시에는 잘 몰랐지만 시간이 지나 누렇게 익은 논이나 그 색에 어울리게 적당히 주홍빛으로 물든 노을길을 보면 종종 그때가 떠오르곤 했는데 그 시간은 참 서툴지만 담백하다. 투명한데 힘이 있다는 생각. 여덟 살 남자아이 둘 사이에서 그 친구에게 고백은 무엇이고 결혼은 어떤 의미였을까. 학교 안에서는 평범하고도 평범한 친구 사이로 지냈던 우리였기에 그 고백이 주는 울림이 커다랗게 다가왔고 아직도 마음 어딘가에 남아 나를 미소 짓게 만드는 것 같다. 그러니까 그 애는 조금의 예고도 없이 (어쩌면 예고를 했을지도 모르지만) 기다렸던 순간에 자신의 마음을 자신의 언어에 맞춰 정확히 표현하는 것처럼 반짝였고, 그게 무엇이든지 간에 하고 싶으면 할 수 있다는 그 믿음이 맑은 눈동자에 서려 있었던 것만 같다. 나 너 좋아해를 가감 없이 전하고 싶은 마음, 우리 둘만의 기나긴 하굣길 끝이 같은 집이기를 바라던 너의 바람이 결혼이라는 말을 골라 편지에 쓰게끔 만들 수 있었다고 나는 떠올려 보게 되는 것이다.

이제는 잘 기억나지 않지만 친구는 그 고백처럼 단출하게 빛나던 아이로 기억한다. 그 이후 얼마 지나지 않아 나는 집안 사정에 의해 이사를 가게 되었고 내 기억 속 그 아이는 여전히 그때의 모습으로 그 하굣길에 남아 있다. 가끔 그런 생각을 한다. 내가 자라면서 몸과 마음에 새겨진 비밀이 많아진 만큼 너에게도 그런 비밀들이 생기고 자라나겠지. 어느 날은 갑자기 자란 사랑니처럼, 어느 날은 달리다 넘어져 무릎에 난 생채기처럼 네 마음에 자리 잡았을 비밀들이 차곡차곡 쌓여 너를 더욱 너답게 만들어주고 있겠지 같은.

은밀한 비밀은 고백의 은유는 지키되, 꼭꼭 아껴두었다가 나란히 같은 방향으로 걷는 일처럼 평범하고도 기적 같은 장면 속에 자연스레 스며들게 하는 것이 좋다는 걸 나는 그때의 너로부터 배운 것 같다. 그리고 소중한 비밀은 그 누구에게도, 심지어는 너에게도, 어쩌면 나에게조차도 절대 완전히 말하고 쓰지 않는 것으로 봉인해 두는 게 그때의 우리를 위해서 좋겠다고 나는 또다시 생각하고 이렇게 너와의 기억을 너조차 모를 만큼 각색하고 편집하여 동화 속 한 장면처럼 풀어놓는다.

그날부터 지금까지 너와 나는 어떤 사랑을 만나고 보내주게 되었을까. 보내주는 것까지가 사랑이라면 시작하는 사랑은 있어도 끝나는 사랑이란 내게는 없을지도 모른다. 마지막 안녕은 보이진 않아도 계속해서 손을 흔들고 있으니까. 그렇게 건네는 안녕의 방향은 사랑만큼 늘어나고. 사랑은 그려진 그림 위에 또 다른 그림을 그리게 되는 일 같은 걸까. 그렇게 그려진 사랑의 그림은 어떤 모습을 하고 있을까. 감추는 것은 점점 더 익숙해지는데 사랑은 점점 더 어려워. 그렇다면 '감추는 사랑'이라는 것은 내 마음의 도화지에 갈수록 어려운 것을 받아들이는 과정 같은 걸까. 지나간 사랑에 대해서라면 나는 자꾸만 떠올리게 되고 그렇지만 세상엔 봉인할 수 있어서 아름답게 간직될 수 있는 계절도 있고 그래서 나는 입을 다물면서도 동시에 눈에 새겨둘 수 있는 장면 같은 걸 마음에 그리다 어떤 날은 소설을 쓰게 되고. 나에게 있어 괜찮은 소설이란 그날의 고백과 같이 힘을 주었지만 힘을 뺀 것만 같고, 순간이지만 영원할 것만 같은 잔상을 남길 수 있어야 해서 나는 아직도 사랑에 관한 소설들을 쓰는 데 번번이 실패를 거듭하며 누구도 모르게 이따금 나의 비밀을 써 내려가고 있는지도 모르겠다.

정말 희한하게도 그날의 장면은 선한데 나의 반응이라든지 고백에 대한 대답은 기억이 나질 않는다. 이십 년도 더 지난 일이 지금까지 기억될 수 있다는 건 그간 나 자신도 알게 모르게 기억의 모래성을 부수고 다시 짓기를 반복했다는 것이고 그러는 동안 나는 어쩌면 나의 대답 같은 건 우리 비밀에 어울리지 않는 것이라 기억을 잔인하게 제멋대로 삭제해 버렸는지도. 하지만 어울리지 않는 장면 같은 건 존재하지 않을지 모르고 그걸 어울러 볼 수 있는 내 마음의 시야가 한정되었기 때문이라는 생각이 들 때쯤이면 나는 기억을 되살리고 싶어지고. 하지만 기억이 사라지면 이불을 개는 순간 사라지는 대로 좋았던 꿈처럼 사라짐을 추억할 수 있게 되고 그 추억의 힘으로 기억 위에 다시 자랄 이야기를 써 볼 수 있다는 게 그것대로 좋으니 그 기억에 미련을 둘 필요까지는 없다. 지난 것들은 침잠하기 마련이고 침잠했을 때야 비로소 드러나고 말할 수 있게 되는 것도 있기 마련이니까.

그 시간이 다가와 소설과 감춰둔 사랑을 나란히 두고 같은 방향으로 걷게 해 본다면 그건 생의 모든 우정들을 은근하게 드러내는 일종의 고백 같아서 나는 쓰기에 더욱 신중해진다. 은밀하게 드러내는 것은 나의 성정체성을 숨기던 어린 시절부터 운명과 같이 자연스럽고 익숙한 일이고 정확히는 그 관계들을 고백함에 신중한 것인데 사랑이나 우정, 동경, 끌림으로 불리는 그 감정들의 경계가 갈수록 모호해져서 정확히 말하는 것이 불가능에 가깝게 느껴지기 때문이다.

    벚꽃 잎 아래 처음으로 여자친구의 손을 잡았을 때 심장이 너무 뛰어서 그것이 사랑인 줄 알았지만 그건 어떤 시절이 지닌 특유한 설렘 같은 것에 가까웠다는 것을 시간이 흐른 후에 알게 된 적이 있다. 하지만 아무리 세월이 흘러도 여전히 나는 그 친구와 보냈던 봄을 사랑이 아니라고도, 혹은 좋은 우정이었다고도 딱 잘라 말할 수는 없다. 그 기준은 사람마다 다를 수밖에 없고 단순히 성애적 기준으로 감정을 나누는 것은 너무 쉬운 결론이며 모든 관계에는 고유한 울림 같은 것이 있어 나는 언젠가부터 그 기준을 정하려 애쓰기보단 그 사람에 대한 나의 유일한 마음의 모양을 그대로 간직하기로 했다. 사랑이나 우정으로 편하고 쉽게 치환되는 그 마음의 모양을 문장으로 섬세히 그리는 것은 어렵고, 어려운 것은 소설로 말하고 싶어지는 나는 그 마음이 소설로서야 말해질 수 있는 것일지도 모르겠다는 생각을 하며 지난날 나의 수많은 감정들을 글 속에 풍부한 거짓과도 같이 담아두

게 되는 것이다. 그러다 마음이 요란하게 복잡해질 때면 다시 돌아가 복기하게 되는 것이 바로 하굣길에서의 너의 담담하고도 명징한 고백.

    사랑에 관한 소설을 쓰다 보면 나의 지난 사랑들이 각자대로 그려가고 있을 저마다의 그림을 떠올리게 되는데 그 그림을 소설 속 배경에 담아 걸어보기도 하고, 그러다 길을 잃어보기도, 그러다 우연히 발견한 골목에서 그때는 보지 못했던 그들의 표정 같은 것을 발견하게 되는 날도 있다. 그 순간은 귀하지만 나의 변덕은 이 모든 게 나만의 망상이고 거짓이라 쓸모가 없다는 생각으로 나를 데려가는 날도 있는데 그럴 때 내가 붙잡게 되는 것이 바로 여기에 쓴 덧대진 비밀이라는 것을 너에게 고백한다. 삶이라는 것은 살수록 모호해지고 이해와 오해 사이의 시차가 있고 나는 그것들이 지닌 어떤 힘에 이끌려 글을 쓰게 되곤 하는데, 그것들은 지난하고도 지루한 성질이 있어서 글쓰기에 백기를 들고 싶을 때쯤 아주 명쾌한 모양으로 바뀌어 소설 속에 드러나기도 한다.

나는 그 경쾌함으로부터 멀어지고 싶을 때, 동시에 그것을 적당히 붙잡고 잘 쓰고 싶을 때도 너의 작은 편지지를 떠올리게 되고 그건 왜인지 아직도 잘 모르겠지만 그것에 관해서라면 계속해서 쓰고 싶은 마음이 들기 때문이라 생각한다.

둘만이 매만질 수 있는 그 불명확하고도, 둘만의 것이기에 홀가분한 마음의 모양이 우리를 어디로 데려갔고 또 어디로 데려갈 수 있는지가 나에게는 글을 쓰게 하는 원동력이 되는 걸까. 어떻게 바라보면 이건 분명, 이라 말할 수 있고 어떻게 보면 전혀 말과 글로써는 해석될 수 없는 우리와 같은 사랑의 특수하고도 보편적인 비밀을 조금씩 벗겨내는 것. 글을 읽는 각자의 진실은 글 속에 그 시절 저마다의 눈동자가 볼 수 있는 만큼 드러내고 또 볼 수 없는 만큼 숨겨두는 것이 내게는 소설 쓰기를 통해 가능한 일이라 그런지도 모르겠다. 떠올릴 때마다 조금씩 달라지는 그날의 진실처럼.

그러니까 나는 지나간 사랑을 온전히 포개지도 못했고, 그렇다고 화끈하게 고백하지도 못한 채 나 홀로 방에 앉아 매번 낭패하는 글을 쓰는 사람이라는 것인데 마지막으로는 이 글이 소설처럼 읽을 수 있는 너에게 쓰는 편지라는 것을 고백한다. 사랑과 비밀이 그렇듯 모든 글이 미완성에 가까운 바, 보다 잘 실패하는 방향으로 나는 앞으로도 내 공간 안에서 자유롭게 소설을 쓰고 싶을 테고, 너도 너만의 방식으로 그날의 비밀을 간직하고 나조차도 모르게 누설하며 잘 지내길 바라는 마음을 담아. 어느 날 문득 우리 마음의 층위를 되짚어보게 될 때 그때와는 다른 눈과 손길로 이 시절을 어루만져 줘도 좋다고 전하며. 예전도 그랬고 앞으로도 떠올릴 소중한 순간을 나에게 선물해 준 너에게 고맙다고. 그 흐릿하고도 분명한 스케치로 덧댄 거짓들 속에 감춰둔 사랑에 관한 보편적 비밀을 밝히는 소설집을 내는 날이 오면 거기엔 너도 나도 없지만 우리 둘만의 감정은 선연하게 존재할 수 있게 하고 싶다고. 그날의 부드러운 오렌지빛 해에게 온몸을 내주고 있는 벼들 옆에서 순간 맞닿았던 우리의 손처럼 윗입술과 아랫입술을 고스란히 포갠 채로 말해본다.

그 밤의
콩국수

오종길

『지구과학을 사랑해』,『DIVE』등을 썼다.
일인 출판사 시절을 운영 중이다.

그날 밤 나는 울지 않겠다는 다짐을 했다. 평소와 다를 바 없는 목요일이었다. 평범한 하루를 보내고 집으로 가는 길에 문득 그런 생각을 한 것이다. 울지 않아야지. 친구들을 만나 저녁을 먹으며 술을 조금 마셨다. 익숙한 가게들을 지나고 성수역 3번 출구까지는 잘 도착했다. 에스컬레이터를 타고, 화장실에 들르고, 카드를 찍고 플랫폼에 오르니 마침 열차가 들어오는 중이었다. 빈자리에 앉았고, 동대문역사문화공원역에서 4호선으로 환승했다. 숙대입구역까지 오는 일도, 3번 출구로 나와 202번 버스를 갈아타는 것도 잘 해냈다. 그러니까 나는 그날 밤에 지하철을 두 번, 버스를 한 번 갈아타 집으로 돌아왔다.

후암동 종점에서 내린 뒤 108계단을 오르면 금방 우리 집이 보인다. 안전한 나의 집. 창으로 번져 나오는 주황빛 조명이 나를 맞이한다. 현관 앞에 서서 숨을 깊이 들이쉬고 천천히 심호흡을 한다. 후- 후-. 도착한 집에는 나를 기다리는 한 사람이 있다. 거실 소파에 앉아 있다. 신발과 가방을 벗은 뒤 욕실로 들어가 손을 씻고 거울을 본다. 충분하다. 울지 않을 수 있는 얼굴이다. 오늘의 다짐을 가뿐히 이뤄내겠다. 그런데 갑자기 배가 고프다. 안방 소파에 걸터앉아 말하자 그는 내게 콩국수 한 그릇을 말아준다. 무려 방울토마토가 대여섯 알 올려진, 깨가 아낌없이 뿌려진 콩국수 한 그릇. 나는 울지 않고 그가 말아준 콩국수를 깨끗하게 비웠다.

다음 날 아침 일찍 일어나 나갈 채비를 했다. 알람이 울리기도 전에 눈이 떠져, 서두르지 않아도 된다. 시리얼 한 줌에 아몬드 브리즈를 말아 먹고 버스에 오른다. 광명으로 향하는 길. 도서관 수업을 마치고 근처 책방에 들러 시집 두 권을 고른다. 가까운 식당에서 점심을 해결하고 노량진의 카페에 앉아 일을 한다. 어느덧 저녁, 근처 술집에서 친구를 만나 소주를 마시기로 했다.

새로 사귄 친구와 서로의 잔을 채워주다 보니 한 병, 두 병, 세 병…. 다시 버스를 타고 숙대입구역으로, 202번으로 환승해 후암동 종점에 내린다. 어제와 같은 길을 걷는다. 멀리 불 꺼진 우리 집이 보인다. 소파에 앉아 조금 쉬기로 하는데, 또 배가 고픈 것 같다. 마침 친구로부터 온 카톡과 이어지는 통화. 수화기 너머로 건너오는 목소리를 듣자마자 참아온 눈물이 와르르 쏟아져버린다. 어제는 성공했는데. 오늘은 실패다. 모두 사라졌다 생각했는데, 여전히 이만큼이나 차 있었네.

어젯밤 참은 눈물을 오늘 쏟고만 이유는 무엇일까. 나는 왜 갑자기 울 것 같은 기분이 들었던 것일까. 살다 보면 나를 감출 수밖에 없는 자리와 때를 만난다. 하지만 나는 그들에게 설명하고 싶다. 있는 그대로의 나를 모두 말해주고 싶다. 나와 무관한 이들이라면 그렇지 않을지도 모르겠다. 하지만 애정하는 이들이기에 내 마음은 혼란스럽다. 나를 드러내지 못하는 순간마다 길 잃은 새가 되고, 자연스레 덧붙는 거짓말과 거짓말을 위한 새로운 거짓말들이 꼬리를 문다. 마치 거짓말을 잔뜩 한 어린아이처럼, 죄를 지은 기분으로 울먹이는 얼굴이 된다. 낮에 엄마랑 통화도 했는데. 어쩌면 엄마 목소리를 들었더니 어릴 적 생각이 나서 그런지도 몰라. 수년 전 오갈 데 없는 맘이 되었을 때 네 시간을 달려 엄마에게 갔던 것처럼, 하지만 아무렇지 않은 척 엄마가 차려준 밥을 배부르게 먹기만 했던 것처럼 이번에는 콩국수 한 그릇으로 대신하려 했는지도.

참은 눈물은 사라지지 않는다. 찰랑이도록 눈물을 채웠으니 울어 마땅했다. 소년으로 돌아간 기분이다. 아직 아무것도 이루지 못한, 내가 되고 싶은 어른이 어떤 모습인지도 모르는 작은 소년. 창밖으로 스치는 풍경 속에 지난 세월의 장면들이 있다. 이제는 소년이라 하기에 너무 커버렸는데, 지금의 나는 어떤 내가 되었는지.

유리컵 가득 물을 따르듯 눈물이 차올랐다는 건 마음에 슬픔이 차오른 것이라고 쓸 수도 있다. 이곳에서 조금, 저쪽에서 조금 슬픔 비슷한 것들이 차곡차곡 쌓였을 것이다. 여기서 말하는 슬픔 비슷한 것이란 말하기 쉽지 않은 탓에 감추기 십상인 것들이다. 상황을, 기분을, 나를 이루는 작디작은 것을 그렇게 괄호 속에 방치하고 말았다. 왜곡된 말과 생각이 형체가 되어 창 너머로 나를 훔쳐보는 기분이 든다. 기척에 고개를 돌리면 이미 숨어버린 그림자 같은 존재. 과연 자격지심에 불과한지 의심을 멈출 수 없다.

곳곳에서 어긋나는 날이 있다. 마치 어제와 오늘 같은 밤. 집으로 돌아가는 길은 매일 반복되고 불이 켜져 있거나 불이 꺼진 집이 보인다. 눈물을 꾹 참아본다. 내 쓸모를 부정당하지 않는, 긍정의 한 마디가 절실해지는 밤이 피어오른다.

괄호 안 광활한 공간에 던져둔 조각들을 찾아야겠다. 나의 괄호가 감추는 용도를 넘어 감싸는 일에 더 많이, 아주 유용하게 쓰이길 바란다. 여전히 괄호 속에 들어있는 것들을 모두 알지 못하지만 어째서 그것들은 어둠 속에 둥둥 떠 있는 건지 궁금해할 때가 되었다. 내가 여닫았을 괄호를 다시 열고, 그 안에 넣어둔 것의 정체를 받아들이는 일. 나는 그것들에게 하트라는 이름을 붙여주고 싶다. 내 괄호 안의 작은 하트들. 내 하트가 되어준 사랑하는 연인과 애정하는 친구들, 애호하는 나의 일 모두. 이 모든 하트들을 껴안을 밤을 기다린다. 기다리는 마음이 된다. 그 마음을 품고 맞이한 아침, 흘러나오는 <개똥벌레>를 다시 듣는다.

괄호 안 광활한 공간에 던져둔 조각들을 찾아야겠다.

나의 괄호가 감추는 용도를 넘어 감싸는 일에 더 많이,

아주 유용하게 쓰이길 바란다.

◆

슈뢰딩거의
연애

김나연

주중에는 기계 언어를 풀이하고, 가끔 인간의 언어를 번역하며, 드물지만 제 언어로 글을 쓰기도 합니다. 여전히 취미는 단어 모으기. 에세이 『모든 동물은 섹스 후 우울해진다』를 쓰고 『나의 친애하는 불면증』을 번역했습니다.

이 나이 먹고 이런 소리를 하는 게 창피하지만 나는 연애가 무엇인지 도통 모르겠다. 정확하게 말하자면 내가 아니라 사람들의 머릿속에 자리 잡은 연애란 어떤 형태의 관계이며 행위인지 가늠조차 하지 못하겠다. 당연히 세상에는 존재의 수만큼이나 다양한 연애가 있을 수 있지만 적어도 그것들의 교집합은 있지 않겠는가? 예컨대 서로가 서로의 방식으로 사랑을 주고받을 수 있는 관계여야 한다거나 하는 식으로. 내가 모르겠다는 것은 연애라는 게 어떤 성질의 관계이고 어떤 행위를 포함하거나 배제하며, 언제 어떻게 시작되냐는 것이다. 연애시장에서 교리처럼 떠도는 연애의 정의에 따를 때나 스스로의 기준으로 내 이성 관계의 역사를 돌아볼 때 내가 한 평생 제대로 된 연애를 해보기나 한 것인지조차 의심스럽다. 타인의 관점이 뭐가 중요하냐 되물을 수 있겠지만 연애란 필히 2인 이상의 참여자가 필요한 활동이라는 점에서 평생 나 혼자 다른 관념 속에서 살아온 게 아닐까 싶은 이 혼란은 내 과거뿐만 아니라 미래까지 송두리째 뒤흔들고 있다. 자연스럽게 애정을 기반으로 하는 이성 관계를 형성할 수 없는 사람일지도 모르겠다는 자기 의심도 피어났다. 연애와 섹스에 대한 이야기를 책으로까지 내놓은 사람이 이런 소리를 한다면 작품의 신뢰도에 전혀 도움이 안 되겠지만, 이제 이 사실을 고백하지 않고는 견디기 어려워 여기 털어놓는다.

우선 나에게 연애가 뜻하는 바부터 짚어보자. 연애 자체가 어떤 행위 혹은 관계인지 혼란스럽다고 했으나 연애에 선행되어야 하는 과정은 확실하다. 내가 대상에 대해 품은 감정이 사랑임을 깨닫는 순간이 필요하다. 나에게 (상대방과 공감대가 형성되었다면) 연애의 시작이란 그 확신과 결심의 선포를 의미한다. 예를 들어보겠다. A와 B는 어떠한 계기를 통해 만난다. 나는 성적 지향성이 동일한 성인의 만남을 교통사고에 비유하고는 한다. 어떤 식으로든 만남이 이루어진 순간 서로 다른 두 세계가 충돌하니까. 그 임팩트가 어느 정도인지에 따라 이들은 주로 두 가지 방향으로 나아가는 것 같다. 강력한 자기장을 내뿜는 N극과 S극처럼 거부할 수 없는 크기로 서로에게 이끌려 빅뱅에 가까운 폭발을 일으키기도 하고, 물과 기름처럼 한 공간에 공존하되 막을 사이에 두고 서로가 서로를 침범하지 않는 관계를 유지하기도 한다. 연애는 보통 전자의 관계에서 발생하겠지(쓰면서 생각해 보니, 후자의 관계를 이상적인 연애로 생각하는 사람도 있을 수 있겠다. 서로 공통분모라고는 인간이라는 사실밖에 없지만 그 이질성을 즐기거나 자신과 정반대인 동반자에게서 자신에게 부족한 자질들을 채우고 싶어 하는 사람도 있을 수 있으니까). 우리의 가상 속 인물인 A는 전자로 나아간다. A는 B의 외모를 매력적으로 느끼며, 그의 이야기가 흥미롭다. B가 어떻게 하루를 보내는지도 궁금하다. 직장에서 그를 괴롭히는 사람은 없었는지, 점심 메뉴는 어떻게 정했는지, 정시에 퇴근할 수 있었는지, 쉬는 시간에는 무얼 하며 보내는지, 잠든 동안 꿈을 꾸지는 않는지, 꾸었다면 무슨 내용이었는지, 그래서 어떤 느낌이었는지도 알고 싶다. 조금씩 B의 일상에 침범하고 싶어진다. 이러한 욕심은 일방적일 수도, 상호적일 수도 있다. 서로와 서로에 관한 대화가 오가고, 시간이 흐르며 둘의 만남은 더 많은 질문을 낳는다. 화수분처럼 불어나는 사소한 관심과 걱정이라는 감정들이 모래시계 안의 모래알들처럼 한데 쏟아져 내리며 A의 머릿속을 채운다. 그 무게에 짓눌려 다 삼켜버리지 않고는 숨조차 쉬기 힘들어질 때, 모든 것을 끌어안고 감당하기로 작정할 때, 고백의 순간이 온다. A는 선언한다. B를 사랑하겠노라고. 너의 세계를 오롯이 존중하고, 포용하며, 그 과정에서 필연적으로 발생하는 모든 사건과 그 부산물을 감내하겠다고. 너의 안녕을 빌며 지옥은 함께 견뎌주겠다고. 내가 모르겠는 건 이다음이다. 그렇다면 B는 어떤 상태일 때 A와 "연애"를 시작하게 되는가? 어떻게 하면 둘은 연인이 되느냐는 말이다. 당연히 B도 A에게 좋은 감정이 있어야겠지. 하지만 얼마나? 인간관계에서 감정의 저울이 완벽한 평형을 이루는 관계가 있는가?

두 사람이 동시에 동일한 크기와 밀도의 감정을 갖고 이를 고백하는 기적이 세상에 정말 존재한다는 말인가? 그렇지 않다면 B는 어떤 상황에서 A와 새로운 챕터로 혹은 깊은 심도의 관계로 발전하겠다 결심하느냐는 말이다. 왜 나의 B들은 그 지점에만 다다르면 기권을 선언하느냔 말이다. 심지어 "너랑 함께 (몸과 정신의 대화를 나누고) 있는 시간은 즐거운데 연애는 잘 모르겠다"고 토씨 하나 다르지 않은 대사를 뱉으며.

또, 나에게 연애란 서로의 내면을 알아가는 길고 깊은 관계다. 그리고 애인은 연애라는 독점적 관계 속에서 서로의 몸과 정신을 탐구하고 공유하는 베스트 프렌드이다. 죽마고우나 단짝 친구들과 애인의 가장 큰 차이점이라면 이 독점성과 육체적 탐구활동이겠지. 거칠게 말하면 나에게 애인은 섹스할 수 있는 베프여야 한다. 반대로 말해서 섹스를 함께 하고 싶을 정도로 성적 매력이 철철 넘치는 베스트 오브 베스트 프렌드라면 나는 그 사람을 사랑할 수 있다는 의미이기도 하다. 퍽이나 단순하다 못해 허술한 기준이라고 생각할 수도 있다. 하지만 그러한 관계가 성립하기 위해서는 아주 지난한 라포르(Rapport) 형성의 과정이 필요하다. 대화의 주제를 고르지 않고 이야기 나눌 수 있을 것, 나의 존재를 동등한 인간으로서 또 여성으로서 존중하고 욕망할 것, (나는 모노가미이니) 서로에게 연인관계의 독점성을 인정하고 신의를 지킬 것과 같은 관계성이 필요하다. 그 어느 하나도 하루아침에 얻을 수 없다. 대화의 확장성, 존중과 신의란 돈독한 우정의 속성이기도 하지 않은가? 거기에 욕망이 더해지면 나에게는 연애가 성립되기 위한 필요충분조건이 갖추어진다. 세 가지 중 어느 하나도 빠질 수 없지만 세 가지만 충족된다면 나는 그를 사랑할 수 있고 사랑해 나가겠다 결심하여 실천해 볼 수 있다. 그리하여 그와 연애 관계를 맺을 수 있다. 문제는 그렇지 않은 만남이 너무나 많았고, 이제는 비연애적 관계의 다양함이, 그 폭이, 내가 감당할 수 없는 수준에 이르렀다는 것이다. 한 사람에게 저 세 가지를 모두 기대해서는 안 되는 것일까? 그럼 모든 역할을 다 찢어서 각기 다른 사람들에게서 욕구를 충족하면 되는 걸까? 다들 어떻게 하고 있는 것이란 말이야?

 연애를 하고 싶다, 즉, 타인에게 앞서 설명한 존재가 되어주고 또 그런 욕구를 충족 받고 싶다는 마음은 어디에서 온 것일까? 나에게 이성으로부터의 관심과 애정에 대한 갈구는 자연발생적이었고 진화론의 발현이었으며 자기 불신 및 자격 시비 재판관을 잉태하는 일이기도 했다. 나는 아주 이른 나이에 이성에 눈을 떴다. 또래보다 머리 하나가 먼저 자라 초등학생으로 오해받기 십상이었던 방년 5세였다. 대상은 유치원 같은 반 친구였다. 까무잡잡한 피부에 꽁지머리를 길게 기른 아이로 기억한다. 내성적이고 수줍음 많은 어린이였던 나는 자유시간이면 항상 블록이나 스케치북을 들고 교실 맨 구석에 홀로 자리 잡고 앉아 숲속의 오두막을 지었다. 다른 사람의 눈에 드는 일을 겁냈음에도 딱 한 친구, 그 애의 눈에만큼은 발견되고 싶다고, 그 애가 아무렇지 않은 척 내 옆으로 와 지붕 모양의 블록을 쌓아줬으면 좋겠다고, 그 아이를 바라볼 때면 다른 친구들에게는 느껴지지 않는 욕심이 부풀어 올랐다. 어느 누구도 일러주지 않았지만 형광 팔찌를 처음 꺾은 순간처럼 불투명하고 희끄무레했던 감정의 방에 선명하고 쨍한 불빛이 켜졌다. 나는 그렇게 특정한 대상에게서만 잡히는 저릿한 전파를 먼저 감지해 내는 어린이가 되었다. 하지만 꽁지머리로 멋을 낸 그 아이는 식사 시간에도, 소풍 날에도, 나보다 작고 말랐으며 뽀얀 볼 위로 복숭아처럼 솜털이 복슬복슬하게 빛나는 여자아이의 손을 잡고 있었다. 그 시절에도 공식 커플이라는 것이 있었다. 그 둘은 유치원 졸업 날까지도 서로의 짝꿍이었다. 이성이라는 단어를 배우기도 전에 설렘, 흥분, 기대와 실망, 절망이라는 감정을 먼저 깨우쳤다. 내 조그마한 심장에 "짝"은 그 아이에게 손잡힌 친구처럼 작고 가녀린 여자아이들에게만 주어지는 기회라는 감각도 싹을 틔우기 시작했다.

그 감각은 "소녀박스"와 "연애박스"라는 덩굴로 자라 여태 나를 옥죄며 좀처럼 손아귀의 힘을 풀지 않는다. 하얀 피부에 순한 인상, 작고 낭창낭창한 몸이어야만 선택권이 있다는 착각, 그런 소녀들만이 욕망의 대상이 되어 자신을 사랑해 주는 대상과 놀이공원이나 전시회 따위에 가고, 기념일에는 서프라이즈 선물을 교환하며, 이런 장면을 어딘가에 전시해 사랑받을 자격 있음을 인증할 수 있다는 속삭임. 내가 들어가기엔 턱없이 작은 박스들은 너에게 그런 여성성이 있느냐고 물어온다. 그런 사람들만 연애 자격증이 주어진다고 왜곡한다. 나는 그 기준에 맞아떨어지나? 나를 재단한다. 그래서 나를 조금씩 접어본다. 어떻게든 박스 안에 들어가 사랑받고 싶으니까. 나도 애정 어린 시선으로 전시장에서 작품을 감상하는 서로의 뒷모습을 찍어주고, 지나가듯 말했던 공간에 데려가는 살뜰한 센스를 뽐내는 사람과 사랑 주고, 받고 싶으니까. 그것이 여의치 않자 반쪽짜리 관심도 괜찮다고 나를 속인다. 대화가 잘 통하지 않지만 나의 몸만이라도 욕망해 준다면, 나를 따뜻한 손길로 어루만지며 나에게 신의를 지킬 용의는 없다 타이르더라도, 욕심이 너무 많다고, 이 정도에서 만족해야 하지 않겠느냐고 나를 깎아내린다. 누구도 원하는 것을 모두 취할 수는 없어. 그런 타협 후 남는 것은 자괴감뿐임을 수도 없이 경험했으면서도 이번은 다르지 않겠냐며 나를 속인다.

한편으로는 화도 난다. 나에게 연애에 대한 환상이 너무 큰 것 같다며 나를 거절한 사람이 있었다. 그런가 하면 연애에는 내가 추구하는 요소들 이상의 것이 필요한 게 아니냐고 의심스러운 눈초리를 보낸 사람도 있었다. 모든 것을 한 사람에게 구하지 말라는 말과 단 한 사람만 있으면 된다는 말 사이에서 좀처럼 갈피를 잡기 어렵다. 미로 속을 헤매며 연애라고 불러볼 수도 있을 유사 관계는 수도 없이 겪었다. 학교에서, 대외 활동에서, 소개팅으로, SNS를 통해서, 데이팅 앱까지, 생각해 낼 수 있는 모든 채널을 통해 사람을 만났고 그 오랜 기간 동안 학계에 보고되지 못한 희귀한 유사 연애 관계를 수도 없이 겪었다. 다들 연애는 한사코 손사래를 치면서도 나와의 관계를 이어가고 싶어 했다. 때로는 그것마저 비밀에 부치자 했다. 우리만 아는 비밀, 섹시하지 않니? 우리는 누군가의 말처럼 괄호 같은 사이라고 믿었다. 아직 존재를 드러낼 수 없어 정의하지 못하고 있을 뿐, 분명하게 실존하는 관계. 하지만 희곡의 지문처럼, 때로 괄호는 너무 쉽게 생략된다.

더 감정에 몰입하면 누군가는 이 관계의 존재를 알아채 주지 않을까, 생각한 적도 있다. 하지만 막이 내리고 나면 지문을 이해하고 표현해내려던 나의 노고는 모두 헛수고가 되고야 만다. 혀끝에서만 맴돌다 끝내 소리가 되지 못한 너희들. 이름도 불려보지 못한 채 생이 끝나버린 너희들. 묘비 없는 무덤들.

그리하여, 나는 그놈의 "연애"가 무엇인지 모르겠다며 이것의 진위 여부를 의심하는 상태에 이르렀다. 그 많은 만남 중에 내가 콕 집어 연애라고 이름 붙일 수 있는 만남은 아마 한 번 정도. 그럼 그토록 많은 시간 동안 이 많은 인연들과 나눈 것은 도대체 무엇이었을까? 다들 어떤 상황에서 어떤 사람과 어떤 관계를 맺었을 때 상대를 나의 애인이라 이름 짓는 걸까? 나는 왜 그 활동에 참여하지 못할까? 나도 다정한 이름짓기라면 끝내주게 잘할 자신 있는데.

사랑이라 하지 말아요

김소현

시집 없는 시인. 대학원생이었다가 방송작가였다가
지금은 아이들을 가르치는 사람.

첫 번째 연애는 내가 찼다. 사랑하지 않았기 때문이다. 두 번째 연애는 내가 차였다. 사랑했기 때문이다. 세 번째와 네 번째 연애는 내가 찼다. 처음부터 사랑이 아니었기 때문이다. 다섯 번째, 여섯 번째 연애는 대차게 차였다. 그만큼 사랑할 계획이 아니었는데 그렇게까지 사랑해버렸기 때문이다.

(1)
너 내 장례식에 올 거야? 사귀던 애한테 물은 적이 있다. 걔는 그런 말은 하는 게 아니랬다. 로맨틱하지 않아? 걔 화를 냈고 우리는 너무 달랐다. 나는 걔가 내게 상의도 없이 담배를 끊은 게 화가 났다. 걔와 헤어지고 난 '현학적 연애'라는 시를 썼다. 거기엔 이런 구절이 나온다. '서로를 때려죽일 수는 없잖아 그래서 만들어낸 단

어가 사랑이 아닐까'

    걔와 나는 스물셋에 만났다. 그 애의 직업은 바텐더였다. 우리는 첫 데이트 때 소주 여덟 병을 마셨다. 걘 날 안아줄 때마다 '빈틈없이 안아주기'라는 표현을 썼는데 난 걔의 빈틈에 끼어 죽고 싶었다. 걔 친구는 나한테 '제 친구 울리지 마세요' 했었고 '미친놈이네' 난 속으로 생각했다. 그런데 그 애는 정말로 나하고 헤어질 때 울었다. 내가 자꾸 상처만 준다고 했다. 나는 그저, 서로로 인해 슬프고 절망하고 좌절하고 서로의 세계가 흔들리고 끝이 나도 끝이 나지 않는 것 같아서 죽고 싶다는 생각조차 하지 못하게 되는 것이 사랑이라고 믿었을 뿐이다. 그리고 걔는 아주 나중에 나한테 문자 하나를 보냈다. 네가 불행해지기 위해서 날 이용하지 마. 나는 화를 내지 않았다. 그냥 웃었다. 혼자.

(2)

    '좋아하면 사귀고 싶고 사귀면 같이 살고 싶던 때를 지나 이제는 그냥 그 마음을 그대로 보고 있는 게 좋은 거 같다' 친하게 지내던 후배가 했던 말이다. 나는 '그냥 작게 만들어서 먹어버리고 싶어' 대꾸했었다. 연애는 지겹고 연애를 하는 나는 징그럽고 그런데 사랑은 계속 좋아서. 뒷말은 맥주랑 함께 삼켜버렸다. 아주 작은 호프집이었고 여름이었고 오래된 선풍기는 털털거리는 소리를 내며 돌아가고 있었다. 맥주잔 표면을 타고 흐르는 물기에 온 테이블이 축축했다.

 몇 년 전, 좋아하던 언니와 커피를 마시며 여섯 시간 넘게 이야기한 적이 있다. 대화의 절반 이상이 지난 연애에 대한 이야기였다. 그러다 내가 물었다. '좀… 지겹다는 생각이 들지 않아? 연애를 하다 보면. 아, 지겹다. 숨이 막히는 기분. 그런 거 느껴본 적 없어?' '안 좋아해서 그런 거 아니야?' '아니, 좋아하는데. 그냥 이 자체가 좀 지겹다는 거지.' 그러자 그 언니가 좀 웃었다. '야, 그러면 너는 매일 클럽에 가서 매번 다른 사람을 만나야겠네.' 나는 더 이상 설명하기를 그만두었다.

 언니와 나는 자주 만났지만 사귀지는 않은 채 3개월을 넘게 봤다. 너는 약간 담배 같아. 그 언니가 내게 했던 말이다. 나는 흡연과 장소의 상관관계에 대해 말해주었다. '담배는 장소적 습관이야. 언니가 만약 매일 편의점 앞에서 담배를 피운다면 그 편의점을 볼 때마다 아, 담배를 피워야겠다, 피우고 싶다 이런 생각이 드는 거지.' 그 언니는 나하고 걸었던 거리, 같이 갔던 커피숍엘 가면 내가 떠올라서 괴롭다고 했다. 자꾸 내 꿈을 꾼다고 했다. 그렇지만 날 좋아하는 건 아니라 했다. '넌 사람을 초라하게 해.' 그 말을 마지막으로 우린 더 만나지 않았다. 나도 잡지 않았다.

그냥, 그 사람을, 이빨로 씹어 넘겨, 배 속에 넣어버리고 싶단 생각을 했다. 속이 뒤틀릴 땐 물구나무서기를 하고.

(3)

날 사랑하니? 스물한 살 때 썼던 소설의 첫 대사다. 전 애인과 만나 섹스를 하며 주인공은 묻는다. 전 애인은 대답한다. 응, 아마. 그리고 서른두 살이 된 지금은 저 대사가 틀렸다는 걸 안다. 날 사랑했니? 차라리 그렇게 물었어야 한다. 아니, 아니, 또 틀렸다. 어쩌다 만나 잠을 자게 된 전 애인한텐 사랑이란 걸 묻지 않는다. 스물한 살의 나는 사랑을 믿'었었'기 때문에 저게 틀린 줄 몰랐던 거지.

내게 사랑을 빼면 뭐가 남을까. 시를 쓸 때 그런 생각을 했다. 교수님은 내게 좀 더 근사한 걸 써야 한다고 충고했었다. 너, 나, 이런 거 말고. '시인한테는 하나의 세계가 있어야지'

그리고 난 그날 집에 와서 메모장에 썼다. 덜 사랑하면 많은 것이 해결될 것이다. 당시에 만나던 사람은 그 말이 슬프다 했다. '네가 더 좋아한다는 뜻 아니야?' 나는 그게 아니라고 했다. 그런 단순한 문제가 아니라고. 사랑 자체에 대한 얘기인 거라고. 그리고 그 사람은 나한테 잘난 척 좀 그만하라 했다. 개새끼가.

(4)
지루해서 연애 같은 걸 어떻게 할까. 보통 애인 사이에는 무슨 이야기를 하느냐고 친구에게 물은 적이 있다. 나는 그런 게 궁금하다. 열여덟 살 일기에도 적었다. '노말하다는 건 무엇인가. 내 집 하나 마련하는 것이 최대 목표인 그런 삶이 노말한 건가. 그런 상황에서 소설의 문장이 시작되는 건가. 노말하다는 건 아마도 소설이 될 수 있을 만한 조건일 수도 있겠구나.'

아침에 눈을 떠서 출근을 하고 집에 돌아오면 청소를 하고 자기 전엔 책을 읽고 주말엔 연인과 평범한–차 마시고 영화 보고 저녁 먹는–데이트를 하는 그런 삶. 나는 그런 걸 하는 게 너무 어렵다.

(5)
위에 옮겨적었던 열여덟 살의 일기는 이렇게 시작된다. '진지해지거나 너무 슬퍼하지는 말기로 한다.'

그렇지만…

언젠가 대학원 선배와 술 먹으며 말한 적이 있다. '선배, 난 행복해지는 게 겁나요. 진짜 행복해지고 싶은데 불행해야 글이 써져요.' 조금 울었다. 술을 먹어서 내가 불쌍했다. 그리고 그때 만났던 애인은 싸우다가 그랬다. '너는 이걸 즐기는 거지?' 어쩌면 그런 건지도 모르겠다. 그래도 걔랑 난 한 번도 서로를 때린 적은 없었다. 다행이다.

(6)

때때로, 아니 사실 자주, 나는 쓸 말이 없는 것 같다. 내 소설엔 사건이 없다. 서로 만나지 않는다. 그들은, 회상하고 원망하고 분노하고 후회하고 슬퍼한다. 또 그들은, 탓하거나 미워하거나 사랑해서 죽이고 싶어 하고 죽고 싶어서 사랑한다. 그래서 걔넨 자주 이렇게 말한다. '이해하니?'

석사 시절, 소설 교수님은 내게 괴상한 시를 그만 쓰라고 했었다. 나는 '저 연애 시만 써요' 했고 교수님은 웃었다. 내 연애는 괴상하다. 그게 나다.

공터와
심심함

2021년 조선일보 신춘문예를 통해 작품 활동을 시작했다. 시집 『너와 바꿔 부를 수 있는 것』이 있다.

공사가 멈춘 공간을 잠시 공터라고 부르고 싶다. 벽돌과 벽돌 사이의 빈 공간을 공터라고 부르고 싶다. 두 손가락 사이의 여백을, 신지 않은 신발의 내부를 공터라고 부르고 싶다. 새가 날아간 모래사장을 공터라고 부르고 싶다. 공터라고 발음하는 것은 즐겁다. 나는 산책을 하다가 공터를 발견하면 앉는 습관이 있다. 약속 장소로 가는 날에도 우연히 공터를 발견하면 괜히 기웃거리게 된다. 공터에는 담배를 피우는 사람과 노숙인과 전화를 받는 사람이 있을 수 있다. 그 사람들은 편의점으로부터, 번화가로부터, 고층 건물로부터 공터로 왔을 것이다. 공터에 들어가면 아무것도 하지 않고 가만히 앉는다. 공터의 기능처럼 아무것도 하지 않는 것은 작은 평화다.

◯

 나는 정기적으로 공터의 벤치에 앉은 적이 있다. 스물한 살 때 사회복무요원으로 주민센터에서 2년 동안 근무했을 때다. 도시락을 점심으로 먹은 후 거의 매일 공터에 이십 분에서 삼십 분 정도 앉아 있었다. 그 시절 왜 공터에서 시간을 보냈는지는 설명할 수 없다. 설명할 수 없는 무언가가 그 공터에 있었다. 그곳은 구획이 잘 나뉘진 주택 단지 사이에 놓인 특별할 것 없는 공터였다. 몇 그루의 나무가 심겨 있고, 벤치가 곳곳에 배치된 공터는 사람들이 머물기보다는 지나가는 통로로 쓰였다. 나는 하나의 문장에 대해 곱씹고 있었다. **공터에 들어가면 공터가 사라진다.** 공터 안으로 들어가는 순간 공터는 와해되는 것일까, 해체되는 것일까, 그런 질문에 빠져 있었다. 어느 날 나는 공터에 도착하기 전 백발의 노인이 공터 벤치에 앉은 모습을 보았다. 노인은 나의 미래 모습 같았다. 내가 아닌 다른 사람이 공터의 벤치에 앉은 모습을 처음 본 거와 다름없는데, 공터는 여전히 공터의 형태로 남아 있는 것처럼 보였다. 그러니 아까 말했던 문장은 다르게 바꿔볼 수 있다. **공터에 들어가면 새로운 공터가 생겨난다.**

어쩌면 코끼리가 공터를 가득 메우더라도, 그곳을 공터라고 부를 수 있지 않을까. 절대 침범될 수 없는 공터의 속성이 그곳에 있는 것이 아닐까. 코끼리는 언젠가 공터를 떠나거나 돌아올 것이고, 그때마다 공터는 새로운 공터가 될 모색을 할 것이다. 수십 마리의 새가 들어와도 그곳은 공터, 수천 페이지의 종이가 눈처럼 날려도 그곳은 공터, 뜀박질을 하는 강아지가 중심부를 돌고 돌아도 그곳은 공터. 그 채워지지 않는다는 가능성이 나에게는 중요했던 것 같다. 세상의 단추를 다 채우고도 발견되지 않아서 채울 수 없는 단추가 우리에게 남아 있는 것처럼.

그 시절에는 채워지지 않는 단추가 많았으니까. 나는 사회복무요원으로 일하면서 눈이 오면 공무원들과 함께 트럭을 타고 꽁꽁 언 바닥 위로 염화칼슘을 뿌리고, 소외된 이웃에게 김치와 반찬을 배달했다. 가장 많은 시간을 보낸 업무는 사람들이 더 이상 쓰지 않은 폐기물을 바깥에 버릴 때 부착하는 스티커를 판매하는 일이었다. 스티커의 가격은 버리는 폐기물의 종류와 크기에 따라서 다르게 측정되었는데. 나는 계산을 마치고 민원인에게 번호가 적힌 스티커를 나눠주었다. 폐기물의 위치와 정보가 기입된 문서를 정리한 뒤 팩스로 보내면, 수거팀에서는 정기적으로 스티커가 붙여진 폐기물을 수거했다.

나는 폐기물 스티커를 판매하는 일을 하면서 몇 가지 사소한 곤란함을 겪고는 했다. 스티커를 사는 사람에게 책상과 서랍장과 책장이 하나로 연결된 책상 세트를 '큰 책상'이 아닌 '책상 상판', '서랍장', '책꽂이'로 따로 분리해서 스티커를 붙여야 한다는 것을 설득해야 했다. 또 폐기물이 며칠째 수거되지 않았다는 민원인과 이미 그 폐기물이 수거되었다는 수거팀 사이에서 전화기를 붙잡곤 했다. 못 본 사이에 스티커가 붙여진 폐기물이 수거 차량에 실린 채로 거리를 빠져나왔을 수도 있으니까. 나는 민원인에게 마지막으로 폐기물을 본 것은 언제인지 묻곤 했다. 그렇게 쉽게 해결될 수 없는 공백 속에서 스스로에 대한 질문으로 돌아가기도 했다.

나는 열아홉 살부터 백반증이 생겨나서 사회복무요원 판정을 받았는데, 정기적으로 병원에 내원해서 레이저 치료를 받았지만 별다른 호전이 없었다. 백반증은 멜라닌 색소의 파괴로 겉보기에 피부가 하얗게 변했지만, 아픔을 체감하게 되는 증상은 아니었다. 뚜렷한 발병 원인을 찾을 수도 없었다. 나는 긴 시간 동안 백반증을 내 삶의 해결할 수 없는 공백으로 두어야 했다. 그런 면에서 공터가 채워지지 않고, 여전히 공터로 남아 있는 상태는 나를 조금 자유롭게 했다.

사회복무요원으로 근무하는 마지막 날을 기억한다. 나는 도넛을 사서 주민센터의 직원분에게 하나씩 나눠주었다. 윤동주와 김수영 시집을 나에게 빌려준 국문학과를 나온 공무원, 출장을 나갈 때마다 편의점에 들러서 음료수를 사준 공무원 등 고마웠던 분이 많았다. 그러던 중 문득 한 사람을 떠올리게 되었다. 얼굴을 본 적은 없지만 목소리만 어렴풋이 기억나는, 폐기물을 수거

하는 분이었다. 나는 그분에게 전화를 걸어서 오늘이 마지막으로 근무하는 날이라고 인사를 드렸다. 그분은 건강에 대한 안부와 함께 내 이름을 물어왔다. 그때 또박또박 말한 내 이름이 수화기 저편으로 전달되는 경험은 낯설게 느껴진다. 그분과 나 사이에도 하나의 공터가 있고, 그 공터에 나는 아주 오랜만에 이 글을 쓰면서 앉아본다. 그분도 그 공터에 앉은 적이 있을까.

○

출생신고부터 사망신고까지 이어지는 서류가 가득 들어찬 주민센터에서 나는 세상에는 그 누구도 채울 수 없는 공터가 있다는 사실을 와락 끌어안고 싶어졌다. 두 팔로 다 끌어안을 수 없는 공터의 세계까지도. 공터는 어디에나 있을 것이다. 누군가 8시간 앉았던 의자에도, 주식 차트가 쉴 새 없이 오르내리는 모니터에도, 이불이 어지럽혀진 침대에도, 케이크가 반쯤 남아 있는 접시에도, 모든 것이 질서 있게 전시되어 있는 끔찍하고도 아름다

운 박물관에도, 2024년 8월 6일 서울에서 내렸던 비에도, 그 비를 맞았던 당신의 얼굴에게도

    우산을 쓰면서 비를 피하려고 하지만
    몇 방울의 비를 꼼짝없이 맞을 수밖에 없는 사람들이
    비에 대해 하나씩 의미를 가지더라도
    비의 작용이 남아 있다는 것에 대한 즐거움 같이
    공터가 남아 있다.
    창 바깥의 비를 보다가 몇 방울의 비가 되어서 내가 지상으로 떨어져 내려도 수 없이 남아 있는 나와 같이

○

    문득 가장 공터와 비슷한 상태는 언제일까, 그런 생각이 든다. 그건 심심할 때가 아닐까. 나는 심심함을 꽤 좋아했다. 이십 대 초반의 나는 대학교 기숙사 침대에 누운 채로 하얀 천장을 보면서 여러 가지 공상하는 것

을 즐겼다. 시와 소설을 쓰기 전 하얀 천장을 백지처럼 생각해 여러 이미지와 사건을 그려보다가, 불현듯 책상에 앉아서 노트북을 켜곤 했다. 심심할 때 어떤 일을 하는 가에 따라서 앞으로의 미래가 조금씩 변해갈 수 있다고 생각하곤 했다.

내 앞에 목재가 놓여 있다고 가정해 보자. 목재에 열에너지가 발생하면서 어떻게 다른 상태로 변형하는가에 따라서, 나의 미래도 아주 조금씩 다른 모습으로 변화할 것이다. 그 목재로 10년을 넘게 쓸 수 있는 의자를 만들 수도 있다. 심지어는 의자에 아무도 모르는 나만이 아는 이름을 붙여볼 수도 있다. 윌리라든가, 수요일이라든가, 오렌지라든가. 먼 훗날 직장 생활로 지친 저녁 '윌리'와 '수요일'과 '오렌지'와 대화를 나눌 수도 있겠지. 의자를 만들지 않는다면 목재를 가지고 많은 사람을 불러서 캠프파이어를 할 수도 있다. 짧은 시간이지만 친구들과 목재가 활활 타는 모습을 보면서 서로의 일렁거리는 얼굴을 불속에서 잠시 보았을 수도 있지. 소원이 불속에 있다가 재가 되어 하늘로 날아가면서 그리고 심심함은 시간이 지나고 나면 다시 찾아온다. 나에게는 심심함이라는 이름을 가진 상상의 목재가 또다시 생겨난다. 이 심심함은 이전과는 다른 새로운 종류의 심심함이다. 벚꽃나무가 다 진 풍경의 공터처럼, 크리스마스 축제가 끝난 겨울의 공터처럼. 이전과는 다른 심심함을 가진 공터도 눈앞에 있다.

허공에 손바닥을 올려두면, 공터가 내려앉는 기분이 든다. 목재를 가지고 의자를 만들고 캠프파이어를 한 손도 얼마 지나지 않아 새로운 공터의 상태가 된다. 나의 손은 어느새 새로운 공터로 들어간 백발의 노인처럼 주름져 있게 될 것이다. 나는 노인이 되어서 공터에 앉게 될 것이다. (부디 잘 늙어서 환한 햇빛을 받은 채로 공터에 앉은 할아버지가 되어 있으면 좋겠다.) 여전히 해결하지 못한 것을 마음에 품기도 하면서. 그러는 사이 나의 손은 햇볕과 같은 작은 작용에도 붉어질 것이다. 그때 나는 어떤 것을 손에 쥐고 있을까. 세련된 지팡이? 흘러내리는 아이스크림? 이 원고가 담긴 작은 USB를 잃어버리지 않기 위해 매달은 초록색 키링 인형? … 스스로가 새로운 공터가 되는 그 시간을 나는 감히 사랑한다고 말해보고 싶다.

공터에 들어가면 아무것도 하지 않고 가만히 앉는다.

공터의 기능처럼 아무것도 하지 않는 것은 작은 평화다.

당신에게서
비롯된

곽다영

오롯이 나로 살기를 소망하며 나에게 도움이 되기 위해 글을 씁니다.
『우리는 여전히』, 『혼자 남은 마음에게』(공저)를 썼습니다.

점심때쯤 집에 들르겠다는 내 말에 엄마가 근처 공원으로 소풍을 가자고 제안했다. 출발 전에 김밥을 사 갈까 하고 물으니 이미 싸고 있다는 답이 돌아왔다. 텀블러에 커피를 담고 동네 양과점에 들러 피낭시에와 쿠키를 포장했다. 엄마가 종종 혼자서 걸어간다는 공원은 엄마의 집에서 차로 오 분 거리였다. 공원 옆에는 작은 절이 있었다. 공원에서 절을 잇는 길의 나무마다 부처님 오신 날을 기념하는 색색의 연등이 걸려 있었다. 사락거리는 초록 잎사귀 사이로 깨끗한 빛이 내리는 맑고 시원한 날이었다.

  공원 안쪽으로 조금 걸어 들어가 빈 정자 하나에 자리를 잡고 앉았다. 엄마는 가방에서 김밥과 방울토마토와 귤과 생수와 된장국을 담은 보온병을 꺼냈다. 흑미밥과 볶은 어묵을 넣은 김밥을 보자 배가 고파왔다. 김밥

하나를 입에 넣고 꼭꼭 씹었다. 엄마가 만든 음식을 먹을 때마다 나는 기분이 좀 이상해진다. 잊고 있던 어린 날의 어떤 감정이 기억날 듯 말 듯한 기분이기도 하고 아주 소중한 무언가를 곧 잃어버릴 것 같은 초조한 마음이 되기도 한다.

요즘 들어 엄마가 해준 음식을 자주 먹고 있다. 내가 아프게 된 후로 엄마는 집에 들를 때마다 미리 만들어둔 반찬을 몇 통씩 싸준다. 내가 들기에 무거울까 봐 주차장까지 들고 와 차에 실어주기까지 한다. 엄마는 늘 얼마 안 된다고 하지만 집에 와서 열어보면 두 식구가 열흘은 먹을 만큼 넉넉한 데다 가짓수도 여러 개다.

내게 다정하고 너그러운 엄마를 마주할 때면 짜증을 내거나 퉁명스럽게 말하는 엄마를 대할 때만큼이나 마음이 불편하다. 그러니까 나는 늘 엄마가 조금은 불편하다. 어쩌면 살면서 한 번도 엄마를 편하다고 생각해 본 적이 없는 것도 같다. 아기였을 때는 나도 엄마가 세상에서 가장 편했을까. 얼마 전 엄마에게 어린 시절이 도통 기억나지 않는다고 말한 적이 있다. 언제 행복했지, 하고 떠올려보면 아무런 장면도 생각나지 않는다고. 내 기억 속에는 웃고 있는 내 어린 얼굴이 없다고. 엄마는 너는 어렸을 때 그래도, 그래도 했지만 끝내 어떤 구체적인 사건이나 특별했던 장면을 이야기하지는 못했다. 그러더니 이내 그때 엄마가 어떤 시절을 살았는지, 얼마나 많이 고생하고 어떤 멸시를 받으면서 나와 동생을 키웠는지 구구절절 이야기하기 시작했다. 문득 이런 식으로 전개되는 엄마의 이야기를 끝까지 들어준 적이 한 번도 없다는 생각이 들었지만, 그날이라고 다를 건 없었다.

내가 기억하지 못하는 내 어린 날에 엄마는 가난이라는 삶의 형태를 어떻게든 감당해 보려고 무던히 애썼다. 너무 힘들어서 죽으려고 했지만 그마저 실패하고 난 후로 그저 죽을힘을 다해 살았다고 한다. 엄마와 나는 같은 시공간을 살았다. 나는 아이로, 엄마는 그 아이의 보호자로 그러나 너무 어린 여자로, 능력은 없고 성질은 고약한 남편을 둔 아내로 살았다. 엄마는 너무 오래 자신을 제외한 누군가를 돌보며 살았다. 어느 시점부터 나는 우리 가족의 생활이 엄마의 고생에 빚지고 있다는 사실을 알았다. 그걸 알면서도 무언가 부족하다고 느껴질 때면 아빠가 아닌 엄마를 원망하곤 했다.

언젠가부터는 엄마와 둘이서만 시간을 보내는 게 부담스러웠다. 아마도 아빠가 돌아가시고 난 후부터, 엄마와 크게 싸우고 내가 집을 나가버린 겨울날부터, 그도 아니면 내가 결혼한 다음부터. 동생 없이 혼자서 엄마를 마주하는 게 영 어색하고 어려웠다. 엄마를 생각하면 너무 여러 감정이 두서없이 밀려왔다. 고마움과 미안함, 불안과 분노와 애잔함과 짜증과 수치스러움, 모든 것을 말하고 싶은 욕구와 아무것도 이해받지 못할 거라는 체념이 뒤엉키곤 했다.

엄마와 있으면 오랜만에 만나 서로를 반가워하고 애틋해하다가도 시간이 어느 정도 흐르고 이런저런 이야기가 오가다 보면 덜컥, 하고 뭔가가 걸리는 지점이 있었다. 엄마의 말에 아무런 대꾸도 하기 싫어지는 순간, 엄마가 하는 말이 더 이상 듣고 싶지 않아지는 때가 왔다. 나는 엄마를 만날 때마다 그런 순간이 올까 봐 늘 긴장하곤 했다. 짐짓 다정하게 안부를 묻고 엄마의 질문에 상냥하게 답하면서 그런 상황을 피해 보려 했지만, 기이하게도 매번 그 순간이 왔다. 더는 엄마를 견딜 수 없을 것 같거나 견디고 싶지 않아지는 순간이.

엄마와 둘만 시간을 보내기 시작한 건 내가 암에 걸리고 일을 쉬면서부터이다. 엄마는 시간이 많아진 내가 종종 엄마를 만나러 오기를 바랐다. 내가 체력이 없어 이동이 힘들 때면 엄마가 버스를 타고 내 쪽으로 오기도 했다.

처음 유방암 진단을 받았을 때 가장 걱정했던 것은 엄마에게 소식을 전하는 일이었다. 어쩐지 나의 병이 나보다 엄마를 더 불행하게 할 것만 같았다. 과연 엄마는 나보다 더 힘들어했다. 동생 말로는 자주 울고 식사를 잘하지 못한다고 했다. 이따금 만날 때마다 부쩍 작아진 얼굴과 마른 몸을 보면서 대체 엄마의 마음이란 어떤 것일지 생각했다. 어떻게 나보다 더 나를 걱정할 수 있을까.

엄마는 내가 받게 될 진료와 수술과 치료에 대해서 매번 상세히 알고 싶어 했다. 구체적으로 알아야 하나님께 일일이 기도할 수 있다고 했다. 수술 후 퇴원한 나를 보러 와서는 내가 아플까 조심스러워 나를 한 번 만져보지도 못하고 돌아갔다. 엄마는 내가 겪게 될 고통을 나보다 훨씬 더 두려워하고 슬퍼했다.

가끔은 엄마에게 나라는 존재가 벌처럼 느껴진다. 생각해 보면 모든 엄마에게 이 세계의 방식은 너무 가혹하지 않은가. 한때 내 몸 안에 있던 생명체가 내게서 분리되는 걸 당연하게 받아들이고, 사랑하는 존재가 계속해서 나와 멀어지고 떠나가는 것을 묵묵히 바라보고 응원해야 하는 일이 어떻게 가능할까. 자식을 나와 다른 사람으로, 하나의 인격체로 존중하기 위해 엄마들은 매 순간 어떤 이별을 겪고 있지 않을까. 엄마는 나를 낳은 순간부터 하루하루 나를 잃고 있다. 나는 한때 엄마였지만, 엄마의 육체 안에 자리한 무엇이었지만 줄곧 엄마를 벗어나 다른 세상으로 가고 싶었다.

김밥과 방울토마토를 먹고 짐을 차에 가져다 둔 후에 공원을 크게 한 바퀴 걸었다. 공원 곳곳에 찔레꽃과 애기똥풀이 흐드러지게 피어있었다. 바람에서 아카시아 꽃내음이 났다. 엄마는 조금 들뜬 목소리로 거의 모든 꽃과 나무와 풀의 이름을 말하며 걸었다. 그러다 모르는 게 있으면 어머 이게 뭐지, 얘는 이름이 뭘까 궁금해했다. 그런 엄마가 꼭 나 같았다. 산책할 때마다 꽃과 나무에 자주 감탄하고 기뻐하는 나는 당신에게서 비롯된 것이구나 새삼 깨달았다. 엄마가 궁금해하던 꽃의 사진을 찍어 이름을 검색했다. 하얀 꽃잎이 포도송이처럼 매달려있던 나무의 이름은 때죽나무였다. 엄마는 세상이 참 좋아졌다며 웃었다.

　　내가 엄마를 불편해하는 건 엄마의 웃는 얼굴을 보면서도 그 너머의 슬픔이 느껴지기 때문이다. 그 슬픔을 내가 어떻게 해줘야만 할 것 같은데, 딱히 어찌할 방도가 없어서 나는 엄마를 덜 궁금해하고 덜 보고 싶어 했다. 엄마를 보지 않는 날이 늘어갈수록 엄마를 사랑할 수 있었다.

암에 걸리고 나서야 내가 엄마보다 먼저 죽을 수도 있다는 사실에 대해 생각했다. 나는 엄마에게서 분리되었지만, 엄마는 한 번도 나를 놓은 적이 없었다. 내 병이 엄마의 고통이 되는 것을 나는 막을 수 없다. 나는 여전히 엄마가 불편하고 어떤 감정으로 엄마를 마주해야 할지 몰라 자주 허둥대지만, 엄마가 내게 주고 싶어 하는 사랑을 가만히 바라보려고 한다. 엄마가 해주는 반찬을 맛있게 먹고 종종 엄마의 산책길을 함께 걷고 엄마의 이야기를 한 번은 끝까지 들어보려고 한다.

모르는 게 있으면 어머 이게 뭐지,

애는 이름이 뭘까 궁금해했다.

그런 엄마가 꼭 나 같았다.

산책할 때마다 꽃과 나무에 자주 감탄하고 기뻐하는 나는

당신에게서 비롯된 것이구나 새삼 깨달았다.

난 오늘도
행복하기를 선택할 거야

백팩

11년 차 게이커플의 일상을 담고 있는 유튜버 <망원댁 TV MANGO COUPLE>. 게이로서, 게이커플로서 살아가며 느끼는 다양한 이야기와 감정들을 영상으로 담고 이야기합니다.

#나한테 이런 일이 일어날 리가 없잖아.

　열일곱 살의 어느 여름, 한두 달 전부터 엄마는 계속 속이 더부룩하다고 하셨다. 엄마와 아빠 두 분이 동네 큰 병원에 방문해 검사를 받고 집으로 돌아온 날이었다. 엄마의 검사 결과가 궁금해 우당탕 뛰어나온 나의 경쾌한 발걸음이 무색하게도 들려오는 답은 없었고, 두 분 다 평소답지 않게 어두운 낯빛으로 아빠는 부엌, 엄마는 안방으로 향하셨다. 직감적으로 무언가 잘못됐다는 것을 알아챈 나는 안방 침대에 힘없이 걸터앉은 엄마 옆에 자리를 잡았고, 엄마는 더 이상 못 참겠다는 듯 눈물을 터뜨리며 첫 마디를 어렵게 뱉었다.

　"엄마 암이래… 위암 4기…"

　엄마는 암에 걸렸다는 소식을 전하며 눈물을 연신

흘리셨다. 당시의 충격이 너무 컸던 탓일까. 내가 엄마에게 무슨 말을 했는지는 자세하게 기억이 나질 않고 내가 여기서 엄마랑 같이 눈물을 흘리면 엄마가 정말 아픈 사람이라는 것을 인정하는 것 같아 눈물을 꾹 참으려 했던 것은 기억이 난다.

"괜찮아 엄마 치료받으면 되잖아. 다 잘될 거야… 그치?"

이 말은 아직까지도 34년 내 짧은 인생에서 가장 힘들었던 위로로 남아있다. '괜찮을 거야'라는 위로 안에는 크고 묵직한 불안과 두려움이 가득했으니까. 정작 힘든 건 엄마일 텐데 그 앞에서 울고 있을 수가 없어 집을 나온 나는 곧장 친구의 집까지 뛰어가 대성통곡을 했다.

'사람 그렇게 쉽게 안 죽어… 내가 엄마 살릴 거야…'

아무리 위암 4기일지라도 우리 엄마는 죽지 않을 거라 생각했다. 열일곱 사춘기 소년에게 죽음이란 현실에서 일어나기엔 너무 비극적인 일이었으니까. 엄마는 병원 치료에 대한 거부감이 심해 수술을 받지 않았다.

대신 엄마와 매일 같이 운동을 하고 식단도 바꿔보고, 한약에 부항까지 온 가족이 힘을 합쳐 좋다는 건 다 해 봤던 것 같다. 우리 가족의 지극정성에도 불구하고 엄마는 결국 6개월이 지난 어느 추운 겨울날 거짓말처럼 세상을 떠났다.

#내가 커밍아웃할 수 있었던 유일한 가족

어머니가 돌아가시고 난 후, 2년 정도는 제정신으로 살지 못했던 것 같다. 2년 내내 하루도 울지 않은 날이 없었다. 엄마는 떠났지만 여전히 나는 매일 밤 꿈속에서 엄마와 함께 투병 중이었다. 그렇게 매일 밤 꿈나라에서 엄마의 병간호를 얼마나 지극정성으로 했는지, 아침에 기상할 때면 진짜로 엄마가 돌아가신 게 맞는 건가 싶어 침대에서 두 눈을 끔뻑이며 골몰하고 있는 날이 부지기수였다.

엄마라는 존재는 나에게 조금 더 특별한 의미가 있

었다. 당시 모든 가족이 힘들었겠지만, 유독 내가 더욱 힘들어했던 이유일 것이다. 이건 엄마한테만 말할 수 있을 것 같은데. 엄마라면 이해해 줄 거라고 생각했는데. 이런 생각이 끊이질 않았다. 엄마는 내가 하는 모든 상상의 나래와 이야기를 들어주고, 무언가 하고 싶어 하면 그게 무엇이든 해보라고 말해주는 사람이었다. 내가 느끼는 감정과 생각을 있는 그대로 바라봐주는 사람이었기에, 나는 엄마와 대화하고 농담하며 보내는 시간을 세상에서 가장 사랑했다. 그래서 나는 내가 엄마에게 커밍아웃을 하더라도 조금 놀라실 수는 있겠지만 결국엔 나를 사랑해 줄 것임을 어렴풋이 알고 있었다.

엄마가 아프기 전에도 이미 중2병을 앓고 있던 나는 불투명한 미래를 홀로 그리며 '가족들과 멀어지고 외롭게 죽으면 어떡하지'라는 생각에 우는 날이 많았다. 엄마, 아빠, 형, 그리고 나. 우리 네 가족 중 유일하게 커밍아웃할 수 있는 대상이 없어졌다는 건 가족들과 쭉 함께할 수 있다는 희망의 종말과도 같았다.

나머지 가족들과 나를 이어줄 유일한 다리였던 '엄마'의 부재. 그렇게 나는 가족들과 보이지 않는 잿빛 강을 사이에 두고 스스로 멀어져갔다.

#긴긴 겨울

엄마가 세상을 떠나고 맞이한 1월, 유난히 추웠던 그해 겨울. 어머니가 돌아가신 사건이 나에겐 너무나 큰 일이었지만, 고등학생에게 애도란 낯선 종류의 것이었다. 긴 겨울이 지나고 학기가 시작되자 친구들과 어울려 놀고 공부하고 시험을 보는 무한한 굴레에서 고등학교 생활은 다시 우당탕 굴러가고 있었다.

다행히 주변에 좋은 친구들이 많았다. 몇몇에게는 내가 게이라는 사실도 터놓고 마음을 나누며 고등학교 생활을 나름대로 재미있게 해나갔다. 그럼에도 여전히 내가 감당하기 쉽지 않은 감정들이 나를 괴롭혔다. 이성애자 친구들에게 내가 가진 미래에 대한 불확실성과 걱정에 대해서 털어놓을 때면 해소가 되는 것 같은 기분도 잠시, 이들의 삶과는 다르게 혼자 모든 것들을 감당해야 한다는 현실이 명확해지는 순간 더 큰 외로움이 뒤따라 오기도 했다. 나는 가족을 잃은 실연의 아픔과 소수자로서의 고민, 수험생활까지 얽힌 환장의 컬래보로 우울증세가 심해져 항우울제의 도움을 받으며 겨우 고등학교를 졸업할 수 있었다.

학창 시절을 보내는 동안 돌아가신 엄마를 떠올릴 때면 엄마와 함께할 때 느꼈던 무한한 따뜻함이 참 그리웠다. 하지만 이런 따뜻한 기분을 다시는 느낄 수 없다는 사실이 나를 힘들게 했다. 마치 파릇파릇했던 화초가 갑자기 찾아온 겨울 추위에 몸서리치며 메말라 가는 것처럼 나는 갑작스러운 상황에 놓였던 것이다. 고단한 시간을 견디기 위한 방편이었을까. 나는 엄마와 나눴던 따뜻했던 감정의 기억을 잊어버렸고, 사무치는 그리움이 아주 살짝 덜어졌다. 돌이켜보면 화초의 수분이 빠질 대로 빠져 노랗게 시들어버린 상태였던 것 같다.

다행히 나는 내게 벌어진 상황들을 가만히 바라보며 한탄하는 사람은 아니었다. 마음이 허해서였는지 자꾸만 내가 살아있음을 상기시켜 줄 강렬한 경험들을 찾아 나섰다. 스무 살 여름에는 친구와 함께 불교단체 정토회를 통해 해외 봉사와 마음수련을 떠났고, 스물한 살 여름에 처음으로 친구와 태국으로 2주간 배낭여행도 가고, 후에는 인도에 50일 동안 나 홀로 배낭여행도 떠났다. 여전히 내 마음은 오르락내리락이었지만, 그렇게 뜨거운 모닥불을 이따금씩 태우며 추운 겨울을 나는 법을 조금씩 익혀갔다.

#그리고 다시 봄

이상하리만치 어릴 적 연애에 관한 기억이 별로 없는데, 내가 남자에 관심이 없던 건 아니다. 가족들이 없으면 컴퓨터를 켜서 게이 커뮤니티 익명방도 찾아보고, 동네에 어떤 게이들이 있나 눈팅도 해보고, 아주 가끔은 메시지도 보내고 했다. 그렇게 사람들도 만나봤지만 그다음으로 이어지는 일은 잘 없었다. 생각해 보니 내가 넘치는 호기심에 비해 성적인 관계에 대한 두려움이 컸던 것 같다. 무엇보다 스스로를 연애 상대로 평가했을 때 그리 자신감을 갖는 편이 아니었던 점도 한몫을 했던 것 같기도 하고. 그래서 그런지 유년 시절 연애담을 굳이 찾아보자면 같은 반 친구를 짝사랑한 정도가 다였던 것 같다.

오죽하면 스무 살이 됐을 때, 이제 성인도 되었으니 게이들이 모여있는 곳에 가봐야겠다는 생각이 들어 친한 여사친과 함께 이태원의 유명한 게이클럽을 찾은 적이 있다. 하지만 클럽에 들어가기가 무서워 입구에서 한참을 서성이기만 했다. 결국 친구와 근처 게이 바라도 가보기로 합의하고는 게이 바에 들러 칵테일 한 잔을 시켜놓고 홀짝홀짝 마셨다. 그마저도 190cm가 넘어 보이는 큰 키에 동굴 목소리의 드랙퀸 사장님 기에 눌려 금방 나와버렸지만.

그렇게 시간이 흘러 2014년 4월. 해외 봉사, 마음수련, 배낭여행 그리고 군대까지 다녀오고 나니 어느덧 스물네 살의 청년이 되었다. 군대에서 규칙적인 생활을 하고 포상 휴가를 받기 위해 죽기 살기로 운동까지 한 덕분에 몸도 마음도 건강해지고 자신감도 생긴 상태였다. 자연스레 이제는 정말 남자친구를 만들 수 있지 않을까, 아니 남자친구를 꼭 만들어야겠다는 마음을 먹은 것이다. 제대한 지 1주일이 막 지난 어느 날, 여느 때와 같이 커뮤니티 익명게시판을 훑고 있었는데 그날따라 유독 글 하나가 눈에 들어왔다.

<저는 술도 잘 못하고 이태원이나 종로 벙개 가는 건 부담스러운데 게이 커뮤니티 생활을 어떻게 해야 할지 고민입니다. 연애도 그렇고 친구라고 생각했던 사람들마저도 계속 이어 나가기가 어려워 이쪽 생활을 어떻게 해야 할지 어렵네요…>

공감이 가는 내용의 글이라서 사람들의 반응이 궁

금했다. 스크롤을 내리다 보니 짧은 댓글 하나가 눈에 띄었다.

<친구사이 가보세요.>

인터넷에 친구사이를 검색해 보니 한국 게이 인권 운동 단체라고 나왔다. 인권 운동 단체라고 하니 이상한 곳은 아닌 것 같아 오프라인 모임이 있나 사이트를 뒤져 보았다. 마침 '토요모임'이라는 친목 모임을 발견했는데 게이들이 모여서 주말마다 문화 활동을 하며 친목을 쌓는 모임이었다. 여러 명의 게이들이 다 같이 모여서 여기저기를 돌아다닌다는 게 부담스럽긴 했지만, 언제까지 이렇게 살 수는 없는 노릇이었다. 결국 용기를 내서 신청서를 제출했다.

그렇게 나가게 된 인생 첫 게이 커뮤니티 오프라인 모임. 신촌역 2번 출구에서 만난다고 들었는데 한 가지 걱정이 있었다. 당시 신촌에서 대학 생활을 하고 있던 고등학교 동창 친구들이 꽤 있어서 혹시나 마주칠까 싶었던 것이다. 게이 스무 명이 신촌 거리를 활보한다는 것 자체가 도무지 상상이 안 돼서 '우리끼리 하는 이야기를 사람들이 듣고 알아채면 어떡하지?', '혹시나 너무 인상착의가 튀는 사람이 있어서 다들 우리만 쳐다보면 어떡하지?' 등 온갖 생각이 머릿속에 떠올랐다. 걱정을 품고 신촌역에 도착해 2번 출구 계단을 올라갔다. 잔뜩 긴장한 채 계단을 모두 오르니 한 남자가 나를 알아보며 환한 미소와 함께 인사를 건넸다.

"안녕하세요! 토요모임 오셨죠? 저는 토요모임 운영자 킴이라고 해요. 여기 제비뽑기 하나 먼저 뽑아주실래요?"

그는 나와 먼저 연락했던 소모임 운영자 '킴'이었다. 나는 웃음으로 화답하며 제비뽑기 함에서 종이 하나를 집어 들었다. 킴이 종이 속 숫자를 확인하더니 활짝 웃으며 말했다.
"오! 저희 같은 조예요!"
운영자라서 그런가, 친절한 킴을 보고 마음이 놓였다. 그렇게 나는 킴과 한 조가 되어 행사에 참여했다. 떡

볶이 뷔페에서 조별로 떡볶이 만들기 대결, 친구사이 사무실에서 간단한 프로그램 진행이 이어졌고 마지막으로 뒤풀이가 있었다. 뒤풀이 자리에서 한참 새로운 사람들과 이야기를 나누고 있는데 운영진 중 한 명이 내게 말을 걸어왔다.

"백팩님 재밌게 놀고 계세요? 이건 킴이 물어본 건 아닌데 혹시 킴 어떻게 생각해요?"

누가 봐도 킴이 물어본 것 같은 질문에 처음에는 좀 웃기기도 하고 당황스러워서 대답을 얼버무렸는데, 킴이라는 사람이 나에게 호감이 있다는 걸 알게 되니 신경이 조금 쓰였다. 게이 커뮤니티에 처음 나온 직후에 생겨난 일이라서 조심스러웠지만 하루 동안 겪어본 킴은 참 좋은 사람 같아 보였다. 그를 만나보고 싶다는 생각이 들었다. 그렇게 우리는 그날을 기점으로 매주 주말이면 만나 데이트를 했다. 한 달을 내리 만났고 벚꽃이 핀 청계천을 따라 걷다가 내가 킴에게 말했다.

"우리 이제 사귈까?"

그렇게 첫 정식 연애를 시작했고, 우리의 마음은 시간이 갈수록 점점 더 커졌다. 엄마가 세상을 떠난 뒤 '서로 깊게 마음을 나누는 따뜻한 감정'을 잊게 됐는데, 다시는 그런 온기를 느끼지 못할 거라고 생각했는데, 그건 잘못된 생각이었다. 내 세상은 회색빛에서 다시 알록달록 사랑의 색깔들로 채워져 나갔다.

열일곱 살에 찾아온 지독한 겨울은 스물네 살의 봄이 찾아오고 나서야 끝이 났다.

#첫사랑만 10년째,

BL 드라마를 보면 대표적으로 두 가지 정도의 서사가 있는 것 같다. 첫 번째는 아련한 엔딩이다. 서로를 좋아하지만 사회적인 시선 때문에 용기를 내지 못해 끙끙 앓는 두 사람. 이들은 갈등을 겪다 결국 각자의 마음을 접은 채 제 갈 길을 가고 평생 후회와 쓸쓸함을 간직하고 살아간다는 정도의. 두 번째는 해피엔딩으로, 전자와 동일하게 앓는 시간을 겪지만 용기를 내서 서로의 마음을 표현하고 아름답게 입맞춤을 하며 끝나는 것이다.

처음 킴을 만나던 당시 내 머릿속에 있는 연애는 전형적인 BL 드라마가 보여주는 해피엔딩 서사가 전부였다. 학창 시절에야 좋아하던 친구가 이성애자였으니 끙끙 앓다가 말도 못 하고 끝을 냈다면, 이제는 상대방도 게이이지 않은가. 그저 서로 마음이 맞아 스파크가 튀고 난 후에는 사랑하는 마음만 잘 지키면 그냥 연애가 술술 되는 건 줄 알았다. 둘이 이렇게 사랑하는데 문제가 될 게 뭐가 있겠나 싶었는데…. 누군가를 좋아하며 가까운 관계를 맺다 보니 다른 관계에서는 발견한 적 없는 못난 나의 민낯을 보게 되었다.

연애 초반, 누가 봐도 지금 기분이 나쁘다는 티를 내며 입술을 오리주둥이로 만들어 놓고 '나 지금 기분 나쁜데 뭐가 잘못됐는지 네가 맞춰서 풀어줘 봐'라는 태도로 1시간 내내 뚱하게 있었던 적이 있다. 결국 데이트를 하다가 폭발한 킴이 말했다.

"이런 식으로 하면 우리 앞으로 못 사귀어."

킴은 정말 크게 화를 냈는데, 나는 그게 너무 서러워서 눈물이 계속 났다. 하지만 이러다가는 정말 그와 헤어질 것 같은 직감이 들었달까, 나는 그 뒤로 죽어라 노력을 했다. 덕분에 둘의 관계도 차츰 좋아졌고 지금은 킴에게 뿐만 아니라 어디 가서도 의사 표현을 잘하는 사람이 됐다. (킴은 이제 내가 자기주장을 너무 한다며 조금 덜 해도 된단다.)

"아니, 너 이제 첫 연애인데 이렇게 코 꿰어도 괜찮겠어?"

연애 초반에는 이런 질문을 정말 많이 받았다. 상대적으로 킴은 나를 만나기 이전에 연애를 많이 해본 사람이어서 주변 친구들 눈에는 내가 손해를 보고 있다는 생각이 들었나 보다. 당연히 처음에는 동요가 되기도 했다. 연애를 처음 하다 보니, 내가 정말 이 사람 하고만 연애를 해보는 건가 하는 의문이 들었던 것이다. 그러나 이런 생각도 잠시, 킴과의 연애가 주는 행복이 내겐 너무나 컸다. 게다가 이렇게 첫 연애가 장기 연애일 수 있다는 건 내 의지만으로는 안 되는 일일 텐데. 그와 나의 관계가 더욱 소중하고 특별하게 다가왔다.

무엇보다도 나만 알고 있는, 다른 사람들이 보지 못하는 부분이 있다. 타인의 눈에는 내가 그저 한 사람과 연애를 오래 하는 것처럼 보이겠지만, 10년이면 강산도 변한다는 말이 있다. 지난 10년간 나도, 킴도, 우리의 관계도 수없이 많은 변화를 겪으며 함께 커왔다. 나는 10년 사이 조금 더 나의 입장을 조리 있게 말할 수 있는 사람, 상대방의 마음과 나의 마음을 비교하지 않고 마음껏 사랑할 수 있는 사람, 스스로를 사랑하고 지킬 수 있는 사람으로 변했다. 킴은 관계 속에서 나오는 문제를 피하지 않고 바라볼 수 있는 사람, 조금 더 따뜻하고 배려심이 있는 사람, 상대방이 표현하는 불편한 감정도 편하게 바라볼 수 있는 사람이 되었다. 그렇게 나의 첫사랑은 10년째 이어지는 중이고, 우리는 10년간 서로가 서로에게 배우며 함께 성장해 온 것이다.

#내가 선택할 수 없는 것, 선택할 수 있는 것.

올해 우리는 10주년을 맞았고, 어머니가 돌아가신 지는 17년이 지났다. 내가 열일곱 살에 어머니가 돌아가셨으니 엄마와 함께 살았던 시간만큼을 엄마 없이 또 한 번 살아본 것이다. 게다가 엄마가 없는 시간의 반 이상을 킴과 함께 보내오고 있는 셈이다. 17년 전과 비교하면 나는 더할 나위 없이 행복한 사람이 되어 있다.

게이로 살아가는 것.
어머니가 돌아가신 것.
고등학교 시절 우울증을 겪은 것.
킴과 연애하며 다툰 것.

위에 나열한 네 가지 중 어느 것도 내가 원해서 선택한 것은 없었다. 살다 보니 나에게 주어진 상황일 뿐이었고, 나를 힘들고 괴롭게 했다. 하나 시간이 지나고 나니 나에게 꼭 안 좋은 영향만 주지는 않은 것 같다는 생각이 들었다. 오히려 내가 겪은 어려움을 나만의 방식으로 승화시키고 나니 고유한 매력과 힘이 생긴 것도 같다.

어머니가 돌아가신 후 극복하기 위해 했던 모든 일들.

정신과에 가서 진료를 받고 치료를 받은 것.

용기 내서 오프라인 커뮤니티 모임에 나가고 킴을 만날 수 있었던 것.

연애를 통해 내 민낯을 직시하고 더 나은 내가 되기 위해 용기 낸 것.

위의 네 가지는 나에게 주어진 상황 속에서 선택하고 행동으로 옮겼던 것들이다. 행복하고 싶어서 나를 위해 용기를 내고 한 발짝 한 발짝 앞으로 나아갔다. 슬퍼하고 비관하고 미워하기보단 사랑을 택했다. 나를, 킴을, 내가 만나는 모든 사람을, 나에게 닥쳤던 모든 상황을 있는 그대로 받아들이는 연습. 천천히 나아가고 사랑하는 연습을 하니 세상이 나를 등 뒤에서 밀어주는 듯 자연스레 행복의 방향으로 흘러갔다.

    멀게만 느껴졌던, 다시는 느낄 수 없을 것 같던 행복을 가까이에서 느낄 수 있게 됐다. 내 인생에서 선택할 수 없었던 일들은 내게 '깊이'를, 내가 선택한 일들은 나에게 '용기'를 선물해 주었다. 지금의 나는 '깊이'와 '용기'를 쥐고 아직 가보지 않은 곳을 향해 계속 나아가는 중이다.

사랑까지
포기할 순
없잖아

강혜영

한국의 평범한 중년 여성으로, 동성국제결혼이라는 다소 평범하지 않은 길을 통해 가정을 이루어 살아가고 있습니다. 15년 동안 지켜온 사랑의 여정 속에서 성정체성을 넘어 다양한 사랑의 의미를 발견해 왔습니다. 자신의 이야기를 통해 같은 길을 걷고 있는 이들에게 혼자가 아니라 함께 서 있음을 일깨우고, 더 많은 사람들과 다채로운 사랑의 모습을 나누기를 희망합니다.

숨겨도 사라지지 않아.

만약 세상에서 사랑이 사라진다면 우리는 어떻게 될까?

사랑이 존재하는 세상에서 살아가는 나는, 아침에 눈을 뜨면 반려가족인 여름이와 단비가 꼬리를 흔들며 다가오는 장면으로 하루를 시작한다. 아이들을 안고 "밤새 잘 잤느냐"고 물으며 애정을 듬뿍 표현한 후, 주방으로 가서 아내가 내려둔 커피를 한 잔 따른다. 아내에게 하루를 응원하는 문자를 보내고 출근 준비를 하다 보면 가족, 일, 친구들로 얽힌 크고 작은 일들이 머릿속을 스쳐 지나가고, 그 안에서 기쁨과 걱정이 교차한다. 설령 우려되는 일이 있더라도, 사소한 것들 속에서 의미를 찾으며 하루를 시작한다.

그렇다면, 사랑이 사라진 세상에서는 어떨까?

아침에 눈을 떠 여름이와 단비의 눈을 마주쳐도 애정 어린 인사는 없다. 주방으로 가 커피를 내리고, 무미건조하게 출근 준비를 한다. 출근길에 마음을 달래줄 사랑 노래도, 서로의 하루를 응원하는 메시지도 없다. 마음이 몽글해지는 사랑 영화나 감동적인 이야기들도 없는 회색 도시에서, 서로에 대한 유대감은 이미 오래전에 사라졌을 것이다. 그런 삶도 익숙해질 수는 있겠지만, 지금의 나로서는 상상만으로도 공허하다.

나는 어렸을 때부터 사랑꾼이었다. 어머니가 자주 하셨던 말 중 하나가 "우리 딸은 참 사랑이 많아"였다. 조용하고 소심한 아이였지만 '사랑'이라는 감정을 느끼는 일에 누구보다 민감했다. 가족, 동물, 친구, 나비, 꽃 등 나를 둘러싼 많은 것들에서 사랑을 발견하며, 슬프고 우울할 때도 따뜻함을 찾는 것을 소홀히 하지 않았다.

그러나 어느 순간부터, 내 안에서 사랑이 사라지기를 바랐다.

내가 동성에게 끌린다는 사실을 처음 깨달았을 때, 그걸 특정한 언어로 설명할 수는 없었지만 세상의 비난을 받는 일이라는 것을 알았다. 세상을 충분히 알지 못했던 나는, 사랑을 포기하는 것이 유일한 선택이라고 믿었다. 내가 사랑하기를 포기하면 가족과 친구들과의 관계를 지킬 수 있을 것이라 생각했다. 그렇게 내 안의 무지갯빛을 숨기기 위해 스스로를 회색으로 가두었다.

예민했던 사춘기 시절, 학교에서 친구들이 서로에게 상처가 되는 말을 주고받는 걸 보면서 "나도 저런 실수를 하면 안 되니까 앞으로 말을 하지 말아야지." 결심한 적이 있다. 물거품 같은 결심이었지만 그 순간에는 그럴듯해 보였다. 하지만 그 결심은 어머니의 "와서 저녁 먹어!"라는 한마디에 "네!"라고 대답하며 허탈하게 무너졌다. 밥을 먹으면서 그 결심을 털어놓자, 어머니는 "그럼 말을 안 하는 게 아니라, 말을 잘하겠다고 결심하는 게 낫지 않을까?"라고 말씀하셨다.

내가 사랑을 포기하겠다고 결심했던 것도 그와 다르지 않다. 사랑하지 않겠다고 결심했지만, 어느 날 나와 비슷한 상황에 있는 사람을 만났고 자연스럽게 사랑에 빠졌다. 그 사랑을 하는 동안 내 세상은 회색빛과 무지갯빛을 넘나들었다. 비밀스러운 사랑은 때로 우리를 '친구'라는 카테고리로 보호해 주었지만, 그로 인해 서로에게 서운함을 주기도 했다. 우리는 서툴렀고, 죄책감에 시달리기도 했지만 그래도 사랑했다. 그리고 헤어졌다. 그 사랑 덕분에 나는 혼자가 아니라는 것을, 세상에 나와 비슷한 사람들이 있다는 것을, 나도 사랑할 자격이 있다는 것을 깨달았다.

한때 사랑을 포기하겠다고 결심했지만, 이제 나는 사랑 없이는 살 수 없는 사람으로 나를 되찾았다. 편견을 넘어 자신의 사랑을 지킬 수 있는 사람을 찾기 위해 나만의 여행을 떠났다. 때로는 있는 그대로, 때로는 숨겨야 하는 사랑일지라도, 내가 잘할 수 있는 사랑까지 포기하지 않겠다고 다짐했다.

'그래, 사랑을 안 하지 말고, 한번 잘 사랑해 보자!'

눈이 세 번 마주치면….

아이러니하게도, 나는 사랑을 갈망하면서도 동시에 사랑에 대한 편견을 가지고 있었다. 사랑을 시작하기 전에는 나와 같은 방식으로 사랑할 줄 아는 사람을 만나길 바랐고, 사랑을 하는 동안에는 사랑에 대한 기대감 때문에 고통받았다. 그리고 사랑이 끝나면 사랑 자체를 비난하며 다시는 사랑하지 않겠다며 포기하려 들기 일쑤였다. 이러한 반복 끝에, 20대 후반에 지금의 아내를 만났다.

우리가 처음 만난 건 18년 전, 집 근처 커피숍에서였다. 아내는 맞은편 테이블에서 책을 읽고 있었다. 나는 그쪽을 흘끗 보다가 아내와 눈이 마주쳤고, 민망한 마음에 얼른 시선을 피했다. 곧이어 다시 그쪽으로 눈길을 돌렸다가 또 눈이 마주쳤다. 두 번이나 마주쳤으니 이번에는 안 보겠지 하며 다시 고개를 돌렸는데, 또다시 눈이 마주쳤다. 때마침 당시 사귀던 애인이 왔다. 내 애인은 그 외국인을 보더니 아는 사람이라며 인사를 건넸고, 그렇게 우리의 인연이 시작되었다. 물론 처음엔 단순한 친구였다. 종종 모임에서 만나며 3년 정도 친구 사이로 지내게 되었다. 깊은 대화를 나눌 만큼 가깝진 않았지만, 생일이나 특별한 날에는 만나서 반갑게 대화를 나누었고, 서로에게 도움받을 일이 있으면 가끔 연락을 주고받는 정도였다.

그 사람은 상식과 유머가 풍부하고 자신감이 넘치는, 내가 닮고 싶은 멋진 사람이었다. 그리고 늘 귀여운 강아지 한 마리와 함께 다녔다. 그러던 어느 날, 내가 4

년 동안 사귄 애인과 헤어지고 힘들어할 때 아내에게서 문자가 왔다.

<너희가 헤어졌다는 이야기 들었어. 친구가 필요하면 연락해. 잘 이겨내길 바랄게.>

문자를 받는 순간, 막장 드라마 한 편을 찍고 헤어진 내 복잡한 상황을 털어놓고 싶지 않아서 '고맙다'는 인사만 했다.

애인과의 이별 후, 사랑에 대한 회의감이 커졌다. 힘겹게 일상을 이어가고 있는데 가깝게 지내던 직장 상사가 무슨 일이 있냐며 걱정을 했다. 나는 성소수자라는 말까지는 하지 못하고, 4년 동안 만나던 연인과 헤어져서 힘들다고 털어놓았다. 내가 애인이 있는지 몰랐던 상사는 다소 놀란 눈치였다. 힘내라며, 더 좋은 남자 만날 거라는 상사의 위로는 어쩐지 씁쓸했다. 내 사정을 아는 친구들은 몇 달 동안 함께 술을 마시며 내 넋두리를 들어주었지만, 이별의 잔상은 쉽게 사라지지 않았다. 사랑은 부질없다며 헛헛한 일상을 반복하던 어느 날, 지금의 아내에게서 문자가 왔다.

<오늘 시간 괜찮으면 같이 저녁 먹을래? 내가 너희 회사 근처로 갈게.>

저녁은 다소 어색하게 시작됐지만, 식사 내내 즐거운 대화가 이어졌다. 식사가 끝날 무렵 아내가 물었다.

"너 혹시 3년 전에 우리 처음 만났을 때 기억 나? 커피숍에서?"

당연히 기억하지! 눈앞에 레즈비언으로 보이는 외국인이 두꺼운 책을 읽고 있었는데 어떻게 잊겠어… 라고 속으로 생각했지만, 다소 차분하게 대답했다.

"응 생각나! 네가 맞은편에서 책 읽고 있었잖아!"

"맞아! 그때 우리 눈이 여러 번 마주쳤잖아. 사실 그때 너랑 눈이 마주친 이후로 나는 같은 페이지만 계속 읽고 또 읽었어. 그때는 너에 대한 감정을 키울 수 없는 상황이었지만 이제는 아니잖아. 이제라도 내 마음을 말할 시간을 갖고 싶었어. 네가 이별에서 회복되고 다시 누군가를 만날 준비가 되면 나도 기억해 줄래?"

내가 살면서 들어본 가장 설레는 고백이었다. 저녁 식사 전까지만 해도 다시는 사랑을 하지 않겠다고 다짐했던 내가, 저녁 식사 후 달콤한 고백에 배부르게 될 줄이야…. 인생은 참 재미있다. 평소에 멋있다고 생각했던 사람에게 고백을 받으니 벅차면서도 한편으로는 '왜 나를 좋아할까? 이 사람도 나중에 마음이 식겠지?'라는 의구심이 들었다. 하지만 그의 진심이 담긴 말과 행동이 꾸준히 이어졌고, 나는 이번엔 다를 거라 믿기로 했다. 그렇게 우리는 연인이 되었고 어느덧 함께 한지도 15년이 흘렀다.

내 사랑에는 상식이 없다. 내 사랑은 규범을 벗어난다. 내 사랑은 나에게는 행복을, 타인에게는 불편함을 줄지도 모른다. 누군가는 내 사랑을 두고 미풍양속에 어긋나는 행위라고 비난한다. 하지만 나는 아내와 함께한 시간 속에서 진정으로 아름다운 사랑의 본질을 깨달았다.

오늘도 나는 내가 가장 잘하는 '사랑'으로 깊이 뿌리

내린 하루를 보낸다.

아내는 맞은편 테이블에서 책을 읽고 있었다.

나는 그쪽을 흘끗 보다가 아내와 눈이 마주쳤고,

민망한 마음에 얼른 시선을 피했다.

곧이어 다시 그쪽으로 눈길을 돌렸다가 또 눈이 마주쳤다.

두 번이나 마주쳤으니 이번에는 안 보겠지 하며

다시 고개를 돌렸는데, 또다시 눈이 마주쳤다.

◆

ㅇㅏㄴㄴㅕㅇ

정경훈

2021년 계간 《시인시대》 신인상. 시집으로 『저 말고 모두가 노는 밤입니다』, 『아름답고 우아하기 짝이 없는』이 있다.

(혼자 도망 와서 미안해.)

안녕, 무무. 먼 이국에서 편지를 써. 네 생각을 참을 수 없는 버릇에, 너를 만나지 못할 여정을 생각하며 한 글자 한 글자, 꾹꾹 눌러쓰는 뮌헨의 어느 광장이야.

ㅇ을 적었을 때는 가볍고도 벅찬 마음으로. 그다음, 펜을 종이 위로 옮길 때까지는 미궁 속의 세계로.

정각을 알리는 종소리를 두 번 듣고 나서야 ㅏ를 적었어. 트램이 몇 번이나 지나갔는지, 구름이 지나가는 속력이 어느 정도인지 가늠할 수 없이. 잉크를 종이에서 떼자 머릿속을 뿌옇게 가리던 무의식의 안개가 걷히기 시작했어. 고개를 드니 비둘기가 이렇게나 많았는지 깨달았지. 끔뻑…… 끔뻑……. 눈꺼풀을 닫았다 열었다를 반복하면서.

쉽게 써질까 봐 천천히, 천천히 그어 나간 ㄴ에서 너의 눈동자가 떠올랐어. 옅은 갈색의 눈동자. 나도 너와 같은 갈색의 눈동자. 우린 닮은 게 많은 둘이었고 눈동자까지 닮았더랬지. 닮은 이유를 나열해 보면 한두 시간이고 떠들어대던 우리. 너와 내가 헤어진 날은 으슥한 밤이었어. 어느 날은 화창한 아침이었고, 어느 날은 우중충한 오후였지. 창문에 봄날이 붙었을 때 우린 헤어졌고, 창문을 열고 지내던 여름에도 헤어졌지. 창문에 신문지를 언제 붙일까 고민하던 가을에도, 창문을 꽁꽁 닫고 살던 겨울에도 헤어졌지. 그럼에도 사계절을 몇 번이고 보낼 때까지 붙어먹은 둘이었지. 삶이 질릴 때는 서로를 보며 안타까워했지. 삶이 충만하다 느낄 때면 서로를 보며 박장대소했고, 오만하고 가여울 때는 서로를 보며 반성했지. 기쁜 일이나 축복할 일이 생기면 서로의 이마에 입술을 맞추었고. 언젠가 둘 중 한 사람이 떨어져 있겠노라, 선언하면 둘은 몇 밤을 홀로 보냈지. 그런 시간도 잠깐. 한 사람이 현관문을 두드리면 한 사람은 기다렸다는 듯 밖을 향해 뛰어나갔지. 왜 닮은 사람들은 헤어지기 어려운 걸까. 답을 알고 싶지만 매번 실패하곤 해. 혹은 모른 채로 지내고 싶을지도. 만약 너도 알고 싶다면, 더 이상 사실을 외면하고 싶지 않다면 내가 알아내 볼게. 내가 더 살아볼게. 살아내서 알려줄게. 이렇게 살아갈 이유를 하나씩 만드는 것도 나쁘지 않잖아?

해는 쨍쨍. 눈은 부심. 화창한 날씨에는 선글라스를 써야 한다던 너의 말을 되짚으며 가방을 뒤적였어. 빈손이 밖을 나왔을 때, 네가 쓰던 선글라스를 넓은 하늘에 그려 넣었지. 한 사람의 눈을 들여다볼 수 있을 때까지, 한 사람의 눈동자 속에서 헤매겠다고 결심할 때까지, 한 사람의 눈빛을 헤아릴 때까지 얼마나 오랜 시간을 견뎌야 하는지를 생각하면서. 해는 반짝. 눈은 나를 바라보던 사람의 시력.

안,을 완성했어. 긴 공백 속에서. 오른손을 옆으로 옮길 때마다 환상처럼 네가 보여.

다음은 다시 ㄴ. 네가 흘린 눈물이 빗방울이 되어 종이 위로 떨어질 것만 같아. 예고도 없이 소나기가 내리는 뮌헨처럼. 너는 어느 날인가 무턱대고 집으로 찾아와 날 끌어안았지. 송두리째 깨진 새벽의 정적, 펄펄 끓는 체온의 임계점, 발바닥까지 전해지던 진동, 뜨거워지는 두 줄의 자국. 너는 세상의 모든 인력이 다할 때까지 울었어. 알게 된 사실이 있어. 난 널 밀어낼 수 없다는 것. 앞으로도, 영영. 묻지도 따지지도 못한 채 난 끌어당겨지고 동시에 널 안을 수밖에 없다는 것을. 너의 아우성이 잠잠해질 때까지 기다렸어. 아무것도 모르는 채로. 궁금했지. 왜 이렇게까지 울어야 할까. 넌 잘못이 없을 텐데. 무너질 거면서 왜 이렇게까지 버티고 있는 걸까. 네가 무너진다면 내가 먼저 무너지고 싶은데. 너의 아래에는 내가 있어야 하는데. 다리에 힘을 주며 기댈 곳을 지켰어. 내가 할 수 있는 일은 이것뿐이었지. 꿈만 같았어. 너에게 늘 쓸모 있는 사람이 되고 싶었는데, 어느 날이 되어서야 필요한 사람이 된 것 같아서. 좋은 꿈처럼 오래오래 깨고 싶지 않았어. 그 순간이 내일이고, 한 달이고, 그렇게 매년 이어졌으면 좋겠다고 생각했지. 그래도 언젠가는 물러나야 할 날이 올 거라고, 꿈에서 깨는 날이 있을 거라고 되뇌었지. 그렇게 너는 울음을 멈추고 날 지그시 올려다보며 미소를 지었어. 밖은 아직 어둑한데 기분 좋은 아침햇살 속에서 실눈을 뜬 것 같았지. 너의 미소는 다시 봐도 따사로웠어. 촌초 속의 궁전 같았지. 너의 소나기는 그쳤지만 이제는 나의 소나기가 내릴 것만 같은 예감. 울음이 솟구친 거야. 난 참아내야 했지. 버티는 건 내가 해야겠다는 다짐으로. 꾹꾹 눌러 명치 아래로 밀어 넣었지. 아무도 모르게. 네가 두 번을 살아도 모르게.

심장 소리를 들으며, 네가 있던 자리에 두고 온 심장박동을 세며 ㅕ를 적었어. 함박눈이 속절없이 내리던 밤. 신앙도 없이 성당 앞에 서 있던 밤. 왼쪽 가슴으로 손바닥을 얹던 밤. 허허벌판에서 피어난 한 쌍의 새싹처럼 외로이 두 손을 모으던 그날이 떠올랐어. 두 손을 포개거나, 두 손이 맞닿거나, 두 손을 빈틈없이 밀착시킨다거나 하는 일은 내게 있어 특별하지 않은 시간이지. 너는 이런 내 앞에서 두 손을 모으던 사람이었어. 매 순간이 소중한 것처럼. 끼니를 챙길 때마다 두 손을 포갰고, 값싼 생일 케이크 앞에서도 두 손이 맞닿았고, 시린 겨울이 되면 한기가 오가지 않게 두 손을 밀착시켰지. 빈틈없이. 생각해 보면 너의 두 손만 있었던 게 아니야. 나의 한 손과 너의 한 손은 기도의 행위처럼 붙어있었지. 너와 떨어져 있을 때면 늘 불안했던 것 같아. 그렇기에 지금까지도 너의 잔상을 붙잡고 있어. 그래, 모은 두 손. 믿음이란 무엇일까. 이제서야 네가 모은 두 손을 믿게 됐는데. 함박눈이 내리던 날, 새하얀 세상이 눈앞에서 춤을 추던 그날. 머리 위에 쌓인 눈송이 뒤로 백야가 펼쳐졌어. 그곳으로 갈 수 있다면, 그곳이 낙원이라면 너의 손을 내 손바닥에 넣은 채 달려가고 싶었지. 복숭아뼈까지 쌓인 눈에 신발은 축축하게 젖을 것이고, 핏기가 사라진 손은 겹쳐졌기에 앵두처럼 붉어졌을 것이고, 찬 바람을 뚫고 가는 길에는 웃고 있는 눈사람에게 안부를 전할 수 있었겠지. 작은 축제 같다고 생각했어. 우리가 원하던 도망. 둘만이 아는 공간. 둘만 입장할 수 있는 비밀의 문턱. 비밀의 축제. 그러니까 둘만의 아주 작은 퍼레이드. 그날은 함박눈이 펑펑 내렸어. 내 얼굴을 쓰다듬어주던 너의 두 손, 여기에 있어. 잊을까 봐 챙겨왔어. 환상을 믿기로 했거든.

편지를 적고 있는 지금, 뮌헨 대학교의 그릇 분수 앞이야. 도로를 사이에 두고 두 개의 분수가 나누어져 있어. 모양이 그릇 같아서 이름이 그릇 분수래. 귀엽지? 140년 전에 완성됐대. 까마득하다. 여전히 물은 흐르고 다시 채워지고, 흐르고 채워지고, 흐르고 채워지고. 140년이라는 긴 시간 동안 유지될 수 있었던 건 아무래도 누군가가 옆에 있어 줬기 때문이지 않을까? 모든 것은 혼자가 될 수 없구나, 이런 생각을 하며 ㅇㅏㄴㄴㅕ를 눌러쓰고 있어. 느껴져? 우리가 도망가기로 했던 곳이 어딘지는 모르게 됐지만, 이곳이 옛적부터 꿈꿔온 둘만의 낙원일 거라고 상상해. 분수대에서 은은하게 퍼지는 무지개. 초록색의 넓은 정원과 파릇파릇한 잎사귀들. 바로크식의 건물들과 쭉 뻗은 길. 지지 않는 해와 차츰 고개를 내미는 하늘색의 달. 느껴져? 부디 나의 시간이 너에게 닿기를. 알아들을 수 없는 언어를 뚫고 너에게 잘 도착하기를. 도망자들의 숨이 너의 호흡과 함께하기를.

 마지막 ㅇ을 적었어. 아기들이 처음 연필을 움켜쥐듯, 소중한 마음이 엇나가지 않게 동그라미를 이었어. 천천히 다가가는 걸음처럼, 기다리는 제자리걸음처럼. 안녕. 드디어 안부를 물어. 뮌헨으로 가는 비행시간만큼이나 오랜 시간이 걸렸네. 떠나기 전, 사람들에게 자잘한 인사를 마치고 하늘을 날았지. 먼 곳에서 살아보겠다고. 살아내겠다고. 시를 쓰기 위해, 새로운 경험을 하기 위해 곧장 표를 끊고 캐리어를 꾸려서 독일이라는 나라에 왔지. 사실, 여기서 내가 할 수 있는 일은 아무것도 없어. 깊은 잠이 들 수도, 안락한 방을 구할 수도, 간단한 의사소통도 할 수 없지. 나는 완벽한 이방인이 됐어. 너는 내게 말했지. 이방인은 이방인이라서 웃는 거라고. 너의 말에 백번 공감해. 근 몇 년 동안의 웃음보다 여기에서 지은 웃음이 더 많은 것 같아서. 슬픈 이야기일 수도 있겠지만. 나는 최대의 긍정으로 살아내고 있어. 버티고 있다는 말이 어울릴지도. 내가 할 수 있는 건 새로운 시를 쓰는 것. 이거 하나뿐. 걷다가 걷다가 지친 날에는 공원에 주저앉고는 해. 통증이 느껴져 일어나면 세모난 돌멩이가 앉은 자리에 있더라고. 자연스레 풀이 죽어 다시 걷고, 또 걸어. 너는 자주 일 인분에 관해 말했지. 나도 너의 견해를 곱씹으며 일 인분을 생각하곤 해. 사람이 일 인분의 역할을 하기까지 얼마나 많은 고통과 감내가 필요한지에 대해. 너의 요즘은 어떤지 궁금해. 고된 시간을 이겨냈을까. 일 인분의 역할을 잘 해내고 있을까. 난 일 인분도 못 하는 사람이 된 것 같은데. 그럼 이쯤에서 돌아가야 할까? 고민을 수없이 해봤지만 결론은 하나. 너무 멀리 떠나왔다는 것. 치열하게 살아내는 것. 한 송이의 시를 피워 정원을 품고 돌아가는 것. 내가 한번 이겨내 볼게. 널 생각하면 다 이길 수 있을 것 같아서, 허공을 떠다니던 추억을 힘껏 끌어내렸어. 너에게 가닿기 바라는 마음을 까치발에 모아서.

무무, 널 부르던 이름. 없을 무, 없을 무. 내겐 네가 없으면 안 되니까. 너에게도 내가 없으면 안 되니까. 그래서 무무. 너의 이름을 적을 때는 세계가 사라지는 상상을 해. 아무도 없는 세계. 둘도 없는 세계. 너와 나만 살아있는 세계. 두 개의 무무. 그러니까 하나의 우리.

잘 지내? 나는 여전히 잘 지내. 보고 싶다는 말을 하기 위해 먼 길을 돌아왔다는, 너의 말을 빌릴게. 먼 곳에 있는 만큼 가까이서 보고 싶어.

(널 무진장 사랑해.)

작은 축제 같다고 생각했어.

우리가 원하던 도망.

둘만이 아는 공간.

둘만 입장할 수 있는 비밀의 문턱.

비밀의 축제.

그러니까 둘만의 아주 작은 퍼레이드.

자유(사랑)

류호우

'재주가 아홉 가지면 굶어 죽는다'던 어머니의 말씀에 굶을 각오로 이것저것 하면서 살고 있습니다. 미입고 저서로 '고양이로 태어날 걸 잘못 태어났다'가 있으며, 현재는 고양이 브랜드 디렉터로 일하고 있습니다.

우리 헤어지자. 나는 자유롭게 살고 싶어.

자유롭게 살다가 돌아오기만 해, 기다릴게.

그건 진짜 자유가 아니잖아. 내가 너와 연인 관계를 유지하는 것만으로도 내게는 '너를 사랑하고 돌봐야 하는 책임'이 생겨. 누가 '남자친구는 어디 가고 혼자 있어?'라고 물어보면 넌 '아, 지금 남자친구는 자유를 찾아 떠났어. 내가 요즘 힘들고 괴로운 일이 많지만 난 남자친구 없이도 잘 이겨낼 수 있어. 이게 내 사랑의 방식이야.'라고 대답할 거야? '남자친구로서의 책임'을 다하기 위해서 나는 자유롭게 살아선 안 돼. 하지만 난 자유롭고 싶어. 나의 자유가 너와의 관계보다 먼저야. 미안해.

내가 괜찮다고 하잖아. 자유롭게 하고 싶은 대로 하면서 살다가 돌아오기만 하면 된다고.

아 그런 게 아니라니까 그러네.

아주 어릴 적 이런 이별을 제공한 적이 있었습니다. 지금 보면 천하의 무뢰배 아니, 소시오패스가 따로 없네요. 사랑보다 자유를 사랑했던 젊은 날의 저는 사람을 사랑할 자격이 없었는지도 모릅니다. 도대체 언제부터 '자유'를 향한 저의 극진한 사랑이 시작되었을까요? 때는 1997년으로 거슬러 올라갑니다.

제가 초등학교 6학년이었을 무렵 H.O.T.가 2집 《Wolf and Sheep》으로 컴백했습니다. 늑대는 강대국에, 양은 약소국에 비유했다고 합니다. 아이돌까지 나서서 억압받는 조국을 대변하는 노래를 한다니 정말 대단하다,며 고개를 끄덕이기에 전 너무 어렸습니다. 전 그저 만화의 한 장면을 따라 그리거나, 고무찰흙을 조몰락거리면서 하루를 보내는 어린이였거든요. 그 앨범은 160만 장이나 팔렸습니다. 그 숫자가 얼마나 큰지 저는 감도 안 왔지만, 앨범의 절반 정도는 외웠습니다. H.O.T.의 노래는 모든 스피커에서 들을 수 있었고, 스피커가 없을 땐 사람들의 입에서 흘러나왔거든요. 전 세 번째 트랙이었던 <자유롭게 날수 있도록('날ᵛ 수 있도록'이 맞춤법에 맞습니다만)>을 가장 좋아했습니다. 사랑하는 상대의 자유를 위해 떠나야만 하는 비극적인 가사 속 주인공과는 거리가 먼 초등학생 주제에 테이프가 늘어지도록 들었습니다. 이 노래를 듣고 있자면 '자유롭게 날고 있는' 모습이 떠올랐고 단지 그게 좋았던 모양이에요. 그렇게 소년은 '자유'라는 두 글자를 가슴에 품고 살게 되었습니다. 소년이 마음속에 품었던 '자유'는 육체의 성장과 더불어 커졌고, 소년이 성인이 되었을 땐 열기구의 풍선만큼 부풀어 올랐습니다. 그때부터 저는 '자유'를 등에 업고 마음이 가는 곳으로 방향키를 돌려가며 부유하는 삶을 살았더랬죠.

자유로운 사람은 꽤나 매력적이었나 봅니다. 아니,

매력적인 사람이 되어야만 했습니다. 인간은 본능적으로 나와 다른 면모에 끌리지만 두려움도 느끼니까요. 최대한 몸을 부풀려 위풍당당한 자세를 만들고, 기름칠한 혀를 놀리며 사람들의 마음에 들기 위해 애를 썼습니다. 자유롭고 싶었을 뿐, 미움받기는 싫었거든요. 자유롭고 매력적인 사람(으로 보이려고 애쓰는 저와 같은 부류)과 자유를 동경하지만, 실행할 의지는 없는 사람처럼 이율배반적인, 상호보완적인 인간들이 주변에 몰려들었습니다. 친구가 되고, 연인이 되어서 꽤 많은 시간을 함께 보낸 인연들도 '자유를 꿈꾸는 마음'을 넘어서진 못했어요. 사랑과 자유라는 단어는 그 자체로도 완벽하게 아름답지만 공존하기는 어렵더라고요. 저는 또다시 자유를 향한 날갯짓을 하기 시작했습니다.

플랫폼 서비스 기획, 영화 포스터 디자인, 독립 영화 연출, 팟캐스트 운영, 광고 콘텐츠 제작, 작은 사업 등 하고 싶은 일이 생기면 무턱대고 뛰어들었습니다. 두바이에 유튜브 예능을 촬영하러 간 적도 있었는데요. 스쿠

버다이빙을 좋아하는 출연자들을 놀라게 하려고 스카이다이빙을 예약했습니다. 제 인생의 전환점이 될 줄도 모르고 말이죠.

'자유'를 향한 짝사랑을 시작한 지 20여 년 만에 소년은 비로소 자유롭게 날 수 있었어요. 정확히 말하면 두바이 사막의 4,000m 상공에서 시속 120킬로미터의 속도로 추락하고 있었습니다. 이 추락 사건의 전말은 이러했습니다. 한 출연자의 체중이 100kg을 넘는 바람에 제가 대신 뛰게 된 것이었죠. 자유롭게 하늘을 나는 느낌은 낙하 직후부터 딱 3초만 제외하면 '황홀하다'라는 표현이 부족할 정도였습니다. (비행기에서 뛰어내린 직후부터 3초 동안은 '못 참으면 쌀 정도로 무섭다'라고 자신 있게 말할 수 있습니다만) 새끼손톱보다 작은 10층짜리 건물과 발아래 굴러다니는 고양이 털 뭉치 같은 구름 조각들을 보고 있노라면 '자유'를 좇는 나의 존재, 고민, 상념, 이념은 보이지도 않을 만큼 작고 하찮게 느껴졌습니다. 먼지보다 작은 제가 대지 위에 살포시 착륙했을 때

문득, 맹신도처럼 '자유'만을 졸졸 쫓던 제 모습이 '자유롭지 않다'라고 느꼈던 것 같아요.

나는 네가 하고 싶은 걸 마음껏 하고 살았으면 좋겠어.

두바이에서 돌아와서 들었던 이 한마디에 지금의 아내와 결혼을 결심했습니다. 아주 어릴 적 제가 제공했던 이별과 흡사한 상황이죠?

하고 싶은 걸 마음껏 하면서, 너도 책임지라는 게 말이 돼?!

진정한 자유 사랑꾼이라면 반드시 이런 반박을 해야만 하는 상황이었습니다. 하지만 전 그러지 않았습니다. '자유'를 향한 광적인 집착은 사랑도, 자유도 멀게 만든다는 걸 알았거든요.

요즘 제가 가장 자유롭다고 느낄 때는, 지겹게 보고 또 봤던 드라마(멜로가 체질이나 응답하라 시리즈)를 틀어놓고 아내와 함께 소파에 널브러져 웅크리고 있는 고양이를 쓰다듬을 때입니다. 다시금 떠올려봐도 사랑스러운 풍경이네요. 괄호 밖 자유를 쫓느라 바빴던 지난날 덕에 괄호 안의 작고 소중한 사랑을 발견할 수 있었다고 할 수 있지요. 소시오패스였기에 정상인으로 살 수 있었고, 이별했기에 사랑을 할 수 있었다는 걸까요? 참으로 이율배반적이면서, 상호보완적입니다. 사는 게 다 그렇죠. 뭐.

호텔 바캉스

에디터. 도시생활자를 위한 팟캐스트 <개인사정>을 진행하며, 웹진 & 프로젝트 <kyuhwan.kr>을 운영한다. 매거진 <빅이슈코리아>를 비롯한 다양한 매체에 콘텐츠를 제공하고 있다.

호텔 수영장의 선베드에서 누워 있을 때 친구에게 한 통의 전화가 왔다. 그는 진지한 표정으로 누군가와 잠시 통화하더니, 급하게 객실로 올라가 보자고 했다. 막 수영을 마치고 올라온 몸에 물기가 채 마르기도 전, 함께 일하는 직원이 갑작스럽게 쓰러져 응급실에 입원하게 된 상황이었다. 모처럼의 바캉스를 즐기러 온 친구는 제대로 누워보지도 못한 청결한 객실에서 '이 방은 네가 써, 이틀 치 조식도 포함되어 있으니까, 딴 남자 불러서 자든지 놀든지 알아서 하고'라는 말을 남기고 10분 만에 짐을 챙겨 홀연히 떠나버렸다. 갑자기 홀로 남겨진 상황에, 나는 호텔 방안에서 선생님의 지시를 기다리는 초등학생처럼 아무것도 못 한 채 멍하니 10분 동안 가만히 있었다. 방금 전까지 헤엄쳤던 수영장 바닥에 새겨진 명품 브랜드 B의 이니셜이 선명히 내려다보였다. 이걸 예쁘다고 해야 할까, 지금 당장 소셜 미디어에 올리라는 노골적인 마케팅이라고 해야 할까. 바닥엔 주황색과 하얀색 타일이 교차로 깔려있었다. '어떡하면 좋지?' 총알도 견딜 것 같이 튼튼해 보이는 유리창 안쪽에서 한강 남쪽을 응시하다 불현듯 친구들이 생각났다.

    럭셔리한 호텔일수록 아무리 생각해도 친구랑 즐기는 것이 편하다. 정말 혼자인 게 좋을지는 잘 모르겠지만, 사랑하는 사람과 호텔에 돈을 쓰는 것은 의외로 유쾌하지 않다. 호텔보다 좋은 집이 있다고 말할 수 있다면 좋겠지만, 중요한 건 나이 든 반려견 때문에 외박을 못 하고 있다. 몇 해 전 한 기념일에 남자친구와 서울 도심에서 호캉스를 즐긴 적이 있는데 방 안에서 밤하늘의 빛나는 별빛을 바라보고 있어도, 마음만은 한강 위쪽의 집에 가고 싶었다. 호텔 침구 특유의 바스락거리는 건조함이 낯설어 도저히 잠을 잘 수 없었다. 중요한 건 호텔에 와서는 더더욱 섹스하고 싶지 않아졌다. 우리 사이엔 편안함이 더 자연스럽기 때문이라고… 해두자, 연애 초기였다면 LUSH 배쓰 밤으로 욕조에 거품도 내고, 사진도 찍고, 인스타에 대놓고 '우리 섹스할 거예요' 같은 뉘앙스의 사진도 올렸겠지만, 우리는 그러지 않았다(그럴 수 없었다). 그 대신 각자 30분씩 반신욕을 번갈아 가면서 했다. 한 명이 따뜻한 물에 몸을 뉘고 있으면, 한 명은 창밖에 차가운 한강 물을 하염없이 바라보고 있었다. 그동안 우리는 아무런 대화도 하지 않았다.

 갑자기 찾아온 호텔 바캉스에 집에 혼자 있을 남자친구를 잘 설득한 뒤, 하루는 나와 친구, 다음 날은 커플인 두 친구가 사이좋게 한 방, 한 침대에서 하루씩 나누어 자기로 결정했다. 이를 기념으로 첫날 밤은 네 사람이 한자리에 모여 작은 파티를 열었다. 실속 있는 우리는 호텔 앞에 있는 편의점에서 4캔에 1만 2천 원 하는 맥주를 국제적으로 골라 담아, 로비에서 닭똥집 튀김과 프라이드 반 양념 반 치킨을 픽업해서 방으로 들어왔다. 미묘하게 곡선으로 휘어진 복도처럼 이날 밤의 이야기는 결혼으로 흘러갔다. 남산 중턱의 호사스러운 호텔에서 장기 연애하고 있는 사람들의 이야기. "연애 10년 차인 네가 먼저 가야지"라고 농담 반, 진담 반으로 내게 말하는 친구, "그다음 우리도 따라갈게"라고 말하는 또 다른 친구, 나는 사람 셋이 모일 때부터 사회적 관계가 형성된다고 생각했다. 아마 한 명이 이야기했다면 농담으로 자조하며 웃고 넘겼을 테지만, 결혼 적령기의 세 커플이 모이자 실재하는 결혼 부담으로 다가왔다. '결혼'에 대해서 퀴어라는 이유로, 불가능한 현실에 어느샌가 안주하고 있던 건 아닐까, 다들 이렇게 변하면서 변함없이 사는 것인가라는 생각이 취기와 함께 맴돌았다. 그리고 약혼부터 프러포즈, 결혼식까지 생각하니 머리가 조금 아파져 왔다. 이 모든 게 아름다워야 할 테니까. 지금까지 결혼이라는 선택지 없이 살아온 탓에, 게다가 미루는 게 습관인 게으른 나를 움직일 수 있게 하는 방법은 차라리 옆에서 누군가 압박하는 것이라고 느꼈다.

그러고 보니, 퀴어 커플 네트워킹 파티라는 곳에 갔을 때 행복한 표정을 짓고 있는 것은 온통 여자들뿐이었다. 여자 커플들은 당당하게 마이크를 잡고 말했다(심지어 회식처럼 노래도 불렀다. 음악은 이상은의 '담다디'). 그중 한 분은 '호화' 예식장에서 약 오천만 원을 쓸 계획이라고 말했고, 사람들의 부러움 섞인 환호가 터져 나왔다. '그래, 돈이 많으면 그럴 수 있지.' 한 커플은 직장에서 선후배로 만났다고 했다. 한 커플은 알고 보니 초등학교 동창이라고 했다. 어떻게 이런 우연이 있을 수 있을까, '하하 호호' 웃으며 세상에 마치 자신들에게만 일어난 운명의 일처럼 다들, 들떠 보였다. 반면 남자들은 어두운 표정으로 옹기종기 앉아서 맥주를 마시고 있었다. 이 온도차는 도대체 무엇? 아마도 내 추측에 게이들에게 '두 분은 어디서 만났어요?'라고 물으면 공개적으로 자랑할 만한 이야기가 나오기 어렵다. 그래서 다들 이런 파티에 나오지 않은 거라고 생각했다. 진지한 사랑은 은밀하기 마련이라고, 폐쇄적인 게이 커뮤니티를 철석같이 믿고 살아왔는데 공개적인 결혼에 관해서 진심인 쪽은 분명 여자들이었다. 최근 게이 결혼식을 갔다 온 친구의 증언에 따르면, 세상 이성애자들 결혼식보다 재미없고,

레즈비언 결혼식처럼 감동도 없는 게이 결혼식이 지금 대한민국에서 벌어지고 있다고 했다.

퀴어 부부 파티 이후 다소 우울해졌다. 과연 '결혼'을 하는 게 맞을까. 남자친구와 내 미래는 늘 불안하다. "어쩌면 앞으로 상황이 안 좋아질 수도 있어. 우리가 지금보다 더 좋은 집으로 이사 갈 수 있을까? 우리는 일하고 있고 삶이란 게 계속 좋아져야 하잖아"라고 말하면서도 과연 그것이 맞는지 의심스러웠다. 계속해서 나아진다는 감각으로 지금까지 살아온 것은 분명하지만, 점점 더 미래는 알 수 없어진다. 우리가 처음 같이 살던 집은 작은 원룸이었는데, 조용한 길가의 버스정류장에서 내려 편의점을 지나 언덕을 올라 4층에 올라가야 했다. 한 층에 다섯 가구가 있었고, 대학생, 외국인 등 주로 젊은 사람들이 살았다. 바로 위에 옥상이라서, 옥상에서 종종 와인을 마시거나 태닝을 했다. 남쪽을 바라보면 거대한 내부순환로가 저 멀리 끝까지 이어졌다. 밤이 되면 차들의 불빛이 마치 흐르는 은하수 같았다. 그렇게 별 탈 없이 4년을 만족하며 같이 살았다. 택시로 이삿짐을 조금씩 나르고, 가구는 전부 이케아에서 구매해 배송했기 때문에 정말 동거는 택배로 시작했다. 그리고 4년 뒤에는 대출을 받고, 새로 지은 반듯한 건물로 이사 왔다. 여러 부분이 달라졌다. 방도 하나 생겼고, 강아지도 생겼고, 우리의 삶도 점점 안정을 찾아갔다. 그런데 이 집의 계약이 곧 만료된다. 그래서 종종 서글픈 기분이 든다. "자기야, 우리 다음엔 튼튼한 이중창 새시가 있는 집으로 이사 가지는 아마도 못할 거야, 현관의 엘리베이터도 없고, 사계절 내내 관리되는 조경도, 정문에서 맞이해 주는 인공폭포도, 그리고 놀이터에서 뛰어노는 아이들의 모습까지도. 어쩌면 지금이 풍경이 앞으로 살면서 다시는 보지 못할 풍경일 거야." 그런데 그런 말을 하면서도 재밌었다. 반지하를 가더라도 재밌게 살 확신이 들었기 때문이다. 적어도 남자친구랑 같이한다면 살면서 무엇이든 행복하지 않을 자신은 없었다. 더 나빠질 수 있다는 이야기를 하면서도 같이 미소 지을 수 있다는 게, 재밌는 일이 아닌데 재밌는 게, 좋은 미래가 기다리고 있지 않다고 해도 괜찮다는 마음을 나누고 있어서 다행이었다.

    호텔에서 서울의 야경을 바라보며 친구들과 새벽까지 결혼 이야기를 하다 잠들었다. 다음날에 눈을 떴는데, 내 돈으로 예약하지 않은 호텔이라 그런지 약간의 숙취가 있음에도 개운하게 눈이 떠졌다. 창밖엔 어제완 달리 장대비가 쏟아지고 있었다. 내려다보이는 야외 수영장엔 어제완 다르게 아무도 없었다. 옷을 대충 주섬주섬 갈아입고 반투명한 선글라스를 끼고 조식당이 있는 로비 층으로 엘리베이터를 타고 내려갔다. 분주하게 달그락거리는 커틀러리 소리들, 향긋한 커피 향, 저마다 일정한 간격을 유지하고 자신을 먹이는 일에 열심인 사람들, 그 인파 속에서 '하버드'라고 쓰여있는 티셔츠를 입고 있는 남자와 그의 옆에 있는 여자, '아무래도 부부겠지'라고 생각했는데 둘은 우리 바로 옆자리에 앉았다. 들으려고 한 건 아닌데 두 사람은 한국어와 영어로 섞어서 대화했다. 미국에서 사는데 한국에 잠시 놀러 온 건가, 모든 게 이질적으로 느껴지는 낯선 아침, 갑작스러운 호텔 바캉스에 내 정체를 숨길 수 있어서 좋다는 생각을 하며 아무도 없는 수영장으로 객실에서 짐을 챙겨 내려갔다. 비가 오니까 그 누구도 들어가지 않는 럭셔리한 수영장, 나는 그 안에서 혼자 수영을 즐기고 싶었다. 이런 기회는 흔치 않으니까, 누워서 하늘을 보고, 빗방울을 온몸으로 맞으며 사치 속의 작은 사치를 누렸다.

회사에서
생긴 일

킴(김기환)

11년 차 게이커플로 애인과 함께 <망원댁TV MANGO COUPLE> 30만 유튜브 채널을 운영하고 있으며 동시에 은행에 다니고 있는 직장인이다.

"기환아, 망원댁이 뭐야?"

오후 5시 30분, 키보드 소리와 종이 넘기는 소리만 가득했던 사무실의 적막을 누군가 깼다. 이 말이 나와 비슷한 또래의 선배가 하는 말이었다면, 그렇게까지 놀라지는 않았을 것이다.

H은행 을지로 본점 영업점에 근무하는 나는 오후 4시가 되면 셔터를 내리고 마감을 준비한다. 하루 동안 내점했던 고객의 서류를 정리하고 신용대출부터 담보대출까지 대출 신규 심사 업무와 만기를 앞둔 고객의 대출 연장 업무 등을 정신없이 하다 보면 금방 퇴근 시간이 된다. 차장님의 적막을 깨는 질문에, 나를 포함한 우리 지점 대리들의 몸이 일제히 굳었다.

"아, 나중에 알려드릴게요."

회사에서 커밍아웃을 하지 않았던 것은 아니다. 다만 나와 나이대가 비슷한 동료 대리들에게만 커밍아웃을 했을 뿐. 퇴근 시간이 30분도 남지 않은 지금, 차장님의 망원댁에 대한 질문은 나를 너무나도 당황하게 만들었다.

<괜찮아?>
<차장님이 어떻게 아셨지?>

같은 지점에 근무하는 대리들에게 일제히 메신저가 왔다. 여러 동료들로부터 메신저가 왔지만 내용은 다 똑같았다. '어.떡.해.'

망원댁은 글을 쓰는 지금을 기준으로는 11년 차, '그날'을 기준으로는 6년 차 커플이었던 내가 남자친구 팩이와 함께하는 유튜브 채널 이름이다. 정식 명칭은 <망원댁TV MANGO COUPLE>이다. 애인은 디지털

노마드를 꿈꾸며 내게 유튜브를 함께하자고 했다. 보수적인 직장에 다니는 나는 유튜브를 하는 것에 대한 걱정과 나의 성정체성이 회사에 알려지는 것에 대한 두려움 때문에 할 수 없다고 답했다. 그러던 어느 날 회사는 직원들에게 인플루언서가 되라고 장려하기 시작했다. 2019년은 각종 사내 유튜브 채널에 직장인들이 직접 출연하기 시작하던 해이다. 모 방송사에서도 출근해서 일하는 직장인의 모습을 브이로그 형식으로 보여주었다. 우리 회사에서는 '나도 핫튜버'라는 이름으로 직원들의 SNS 참여를 독려했다. 직장인 인플루언서를 통해서 회사 상품이나 기업이미지 홍보에 도움이 될 것이라 판단했던 것이다.

이런 분위기라면 유튜브를 한다고 해서 그 자체로 뭐라 할 것 같진 않았다. 그러면 남은 한 가지. '내가 게이인 것이 알려졌을 때, 회사를 다닐 수 있을까?'라는 걱정이 남아있었다. 문득 억울했다. 내가 이성애자였다면 별 고민 없이 시작했을 텐데, 게이라서 못하는 거라면 더 억울한 마음이 들었다. 그리고 마음 한편에는 '설마 알려지겠어? 회사에 알려질 정도면 이미 나는 엄청난 인플루언서가 되어서 쿨하게 그만둘 수 있을지도 몰라' 하는 생각이 뒤따랐다.

예측과는 다르게 유튜브를 시작한 지 한 달 하고 반이 지나지 않아, 일이 터져버렸다. 메신저 키보드 소리만 요란하던 사무실의 적막을 멀리 끝에 앉아 있는 과장님이 다시 깼다.

"기환아, 너 유튜브 하니?"

알고 보니 은행 톡방에 내 유튜브 채널이 돌고 있었다고 한다. 은행은 대부분의 직원이 지점과 본점에서 순환 근무를 하게 된다. 그러다 보니 만여 명이 넘는 직원이라 할지라도 한두 다리만 걸치면 서로 아는 사이이다. 톡방에서 다른 톡방으로 나의 이야기가 퍼져나가면서 오후 5시 30분에는 차장님이 속한 톡방에 망원댁 링크가 올라왔고, 5분이 채 지나지 않아 과장님이 속한 톡방에 망원댁 링크가 올라온 것이다.

"나중에 말씀드릴게요."

차장님의 질문까지는 '차장님이 아셨구나'라는 생각으로 넘어갔지만, 과장님의 질문에는 '뭔가 회사 전체에 소문이 돌기 시작했구나' 하는 불안감이 엄습했다. 이미 나의 성정체성과 유튜브를 한다는 사실을 알고 있던 주변 동료들의 걱정스러운 눈빛을 받으며 퇴근을 했다.
'어떻게 해야 하지?' 집에 가는 지하철에서 여러 생각들이 머릿속을 채우기 시작했다. '내일 나 출근은 할 수 있을까?' 문득, 인권재단 사람에 기고했던 글이 생각났다. 대학교에서 성소수자 인권 관련 활동을 하면서 있었던 일과 함께 어린 시절 성정체성에 대한 고민, 커밍아웃에 대한 이야기를 함께 써서 기고한 글이었다. 누군가에게 커밍아웃할 때 그 글의 링크를 보내주면서, 읽어보면 나에 대해 더 알 수 있을 거라 말하는 것으로 커밍아웃을 대신하곤 했다. 경험을 살려 차장님과 과장님, 그리고 내게 묻지는 않았지만 이미 알고 있을 부장님에게도 링크를 보내드렸다.

"찌미야 어디야? 망원동이니?"

찌미란 은행에 들어와서 살이 찌기 시작했던 내게 '살찌미'라는 의미로 선배가 붙여준 애칭이다. 그 선배는 회사에서 내게 엄마 같은 존재였다. 내가 잘 모르는 업무를 고객이 요청할 때면, 나는 고객의 요청을 한 번 더 큰 소리로 말하는 습관이 있었다. "연금 상품을 다른 상품으로 전환하고 싶으시다고요?" 도움을 구하는 외침이었다. 선배는 기가 막히게 내 마음을 알아차리고 옆으로 다가와 업무처리를 도와주었다. 지난주에 배웠던 업무를 까먹었을 때는 "괜찮아, 그럴 수 있어~"라면서 "찌미 너무 잘하고 있어." 응원의 말도 잊지 않고 해주었다. 신입이라 쉽게 풀이 죽을 수밖에 없던 나에게 선배의 말 한마디 한마디는 큰 힘이 되었다. 바로 그 선배로부터 연락이 온 것이다.

"찌미야, 우리 지금 망원동으로 가고 있으니까 집 앞에서 만나. 팩이도 같이 오라고 해."

선배를 포함해 나를 걱정해 주던 대리님 세 명이 우리 집 앞에 찾아왔다.

"너 뭐 하고 있었어? 여기 근처에 뭐 먹으면서 이야기 나눌 곳 없니?"

선배들과 나 그리고 팩이는 집 근처에 있는 치킨집에 들어갔다. 양념치킨 하나 프라이드치킨 하나 그리고 생맥주 다섯 잔을 시켰다. 평소 같았으면 선배들 앞에서 무례한 손님과의 다툼을 이야기하거나 오늘의 실적을 자랑하며 떠들었을 텐데 나는 아무 말도 할 수 없었다. 그저 어떡하지하는 마음뿐이었다.

"찌미야, 너무 걱정하지 마. 우리가 지켜줄게."
"별일 없을 거야. 내가 노조에 아는 사람 있는데, 무슨 일 생기지 않도록 연락해 놓을게."

선배들은 내게 괜찮다고 이야기해 주었다. 네가 상상하는 그런 일은 생기지 않을 거라고, 너무 걱정하지 말라고 반복해서 말해 주었다. 함께 이야기를 나누면서 무거웠던 공기는 차츰 가벼워지기 시작했다. 멘붕이었던 내 마음도 이야기를 나누다 보니 한결 나아지는 것 같았다.

"찌미야, 차장님이 너랑 나랑 썸타는 줄 알았던 거 같으신데, 아주 오해를 다 푸셨겠다."

나보다 1년 먼저 입행한 여자 선배가 말했다. 워낙 친하게 지내다 보니, 차장님은 우리 둘이 썸을 타고 있는 것은 아닌가 의심하고 계셨다. 내가 게이이고 이미 남자친구가 있다는 것도 다 알려지게 되었으니 그 오해가 풀렸겠다는 말에 우리는 모두 깔깔깔 거리며 웃었다. 불과 한 시간 전까지만 해도 눈앞이 까매졌던 나는 망원동 집

앞까지 찾아와서 '괜찮다' 말해주고 위로해 주는 동료들 덕분에 농담까지 주고받으며 웃을 수 있었다.

집으로 돌아가는 길, 차장님과 부장님들로부터 답장이 와있었다.

<기환아, 나도 오늘 많이 놀랐는데 나보다 네가 더 놀랐겠다는 생각이 들었어. 기환이는 내게 똑같은 기환이니까 내일 웃는 얼굴로 회사에서 보자. 알았지?>

<전혀 몰랐어 기환아… 대견하기도 하고 너무 멋지다는 생각도 든다. 일도 열심히 하고 동료들과 즐겁게 잘 지내왔던 기환이가 내가 생각했던 것보다 더 훌륭한 사람이었구나 알게 되었어. 앞으로도 응원할게!>

<기환이가 마음속으로 이런 고민을 하며 살아온 줄은 몰랐네. 너무너무 응원하고 나도 유튜브 구독했어!>

과장님, 차장님, 부장님의 답장에 눈시울이 붉어졌다. 불과 몇 시간 사이에 냉탕과 온탕을 오가는 기분이

었다.

H은행 본점 영업점은 을지로입구역과 맞닿아 있다. 본점 지하 1층에서 근무하는 내 자리는 몇천 명의 직원들이 오고 가며 얼굴을 볼 수 있는 데 있었다. 오가며 나를 쳐다볼 것 같은 직원들의 눈빛을 어떻게 감당해야 할지 두려웠다. 무엇보다 지점장님은 이 사태를 어떻게 생각할지 걱정이 되었다. 아니나 다를까. 다음 날 아침 출근하자마자 지점장님이 나를 호출했다. 올 것이 왔구나 싶은 느낌이었다. '무슨 질문을 하실까?', '나 발령 나는 건가?' 지점장실로 향하는 짧은 발걸음 동안 수많은 상상을 하면서 걸어 들어갔다.

똑똑…

"기환아, 잘 잤나?"
"아, 네…"
"잘 못 잔 거 같은데? 걱정하지 말고, 그런데 혹시

유튜브 그거 누구 명의고?"

"아, 그거 애인 명의에요."

"그럼 됐다. 나는 혹시나 겸업 금지 관련해서 이슈 있을까 봐 걱정했는데. 이상한 말 하는 사람들이 이상한 거니까 너는 신경 쓰지 말고 그냥 네가 지금 하던 그대로 하면 된다."

"네, 감사합니다."

"그래, 너무 신경 쓰지 말고."

짧은 대화였지만, 너무나 힘이 되는 말이었다. 사실 지점장님께서 내게 유튜브를 그만하면 안 되겠냐는 말씀을 하실 줄 알았는데, 원래 네가 하던 그대로 하라면서 상황을 정리해 주셨다. 나도 모르게 울컥했다.

그해는 내가 한국게이인권운동단체 친구사이의 대표를 맡고있는 해이기도 했다. 점심 식사 때면 각자 일상적인 이야기를 많이 나눴는데, 일상의 대부분이 친구사이 일이나 유튜브이다 보니 자연스럽게 지점 사람들이 친구사이에 대해서도, 내가 대표라는 것도 알게 되었다. 처음에 친한 동료 한두 명이 친구사이 후원 CMS에 가입하더니 이를 알게 된 주변 동료들과 차장님, 부장님들도 CMS에 가입하시겠다며 먼저 말씀해 주셨다.

2019년 여름, H은행 본점 영업점에서 있었던 그날 일은 나 혼자만의 사건이 아니었다. 함께하는 많은 이들에게 큰 사건이었고, 따뜻한 사랑을 느낄 수 있었던 시간이었다. 지금은 인터넷은행으로 이직했지만 그때 함께한 지점 분들을 일 년에 두세 번씩은 만나고 있다. 직원들도 그때의 일을 소중하게 간직하고 있다.

이 글을 청탁받으면서 내가 소중하게 생각하는 사랑 이야기는 무엇일까 고민해 보았다. 애절했던 첫사랑 이야기? 서툴렀던 두 번째 사랑? 팩이와의 연애 스토리? 모든 것들이 지금의 나를 있게 만들어준 소중한 이야기지만, 좀 더 나만이 할 수 있는 이야기를 남기고 싶었다. 커밍아웃한 직장인으로 삶을 살아가는 사람들은 그리

많지 않으니까. 이런 사랑 이야기가 누군가의 마음에 작은 용기의 씨앗을 심을 수 있다면 그날의 사건은 다른 누군가에게도 중요한 사건이 될 수 있을 거라 생각한다. '지금의 나'를 있게 해준 직장 동료들에게 감사하고 사랑한다는 말을 마지막 활자로 남겨두고 싶다.

그러모은 양손의
가재

그중에 사랑이 제일이라고 생각하며 살고 있습니다.

오래전, 지금은 물이 마른 남양주 철길 아래 개천에는 작은 가재들이 살았었다. 10살도 되지 않던 나이에 나는 동네 친구들과 산으로 매미와 사슴벌레를 잡으러 다니고, 개천으로는 가재와 실잠자리 등을 잡으러 다니곤 했다. 나는 잠자리나 매미보다는 유독 가재를 좋아했는데, 물에서도 살고 땅에서도 살고 멋진 집게 두 개를 쳐들며 꼬리로 재빠르게 도망가는 게 다른 녀석들보다도 잡기 어려워서였을까. 가재를 잡으러 가는 날에는 더욱더 열의에 차올랐던 것 같다. 가재를 잡아본 기억은 딱 한 번인데 아직도 그날의 기억이 생생하다. 어느 날 양손에 쏙 들어오는 아주 작은 새끼 가재 한 마리를 운 좋게 잡을 수 있었다. 나는 물가에 돌을 넣어 고정해 둔 플라스틱 채집통에 가재를 넣기 위해 걷고 있었고 가재를 무사히 옮기려 신중에 신중을 가하고 있었다. 주먹밥을 만들 듯 가재를 가두어 쥐면 가재가 내 손을 집게발로 꼬집기 일쑤였다. 그렇다고 물 없이 평평한 손바닥에 올려두면 꼬리로 힘껏 튕기듯 도망치는 게 가재였기에 엉거주춤한 모양새였지만 가재와 함께 물과 약간의 자갈, 흙까지 양손으로 담뿍 떠 담아 조심조심 걸었다. 정강이도 안되는 깊이에서 뭍으로 가는 짧은 길이었는데 바닥이 미끄러웠던 건지, 가재를 놓칠까 노심초사했던 탓인지 채집통이 코앞이었는데 결국 미끄덩한 돌을 밟고 자갈밭에 얼굴부터 넘어져버렸다. 턱에서는 피가 흐르고 있었고 끝까지 놓지 않은 손안에서 가재는 자갈과 함께 뭉개져 죽어버렸다. 그날 동네 이모들과 엄마에게 호되게 혼이 났다. 여자애가 얌전하게 집에서 놀라고. 어른들에게 한 소리씩 들은 우리들은 한동안 개천에는 가지 않았다. 후에도 몇 번이고 개천으로 향했지만 가재를 잡았던 기억은 없다. 그렇게 중학교에 입학할 때쯤부터 개천은 말라가기 시작했고 더 이상 그 개천을 찾지 않았다.

( )

    가슴팍 앞에 양손을 가지런히, 손을 모아 보았다. 양손으로 고이 쥐고 있던 마음엔 어떤 마음들이 있었을까 생각해 보니 몇몇 사람들과의 시절이 떠올랐다. 다만 소중하게 간직하고 예쁘게 감싼 느낌은 아니었다. 나의 괄호는 스스로를 인정하지 않은 채 품고 있던 마음이었기에 좋아하던 상대에 대한 애틋함보다는 상대를 좋아하던 나의 마음이 원망스럽고 혼란스러웠던 기억이 많다. 누구에게도 말할 수 없는 마음과 그저 누군가를 좋아하는 일 자체가 죄가 되는 것 같아 힘들던 날들이 있었다.

    10대 시절 학생부 회장 언니에게 느끼는 나의 감정이 동경 이상의 설렘이었고, 언니의 남자친구에게 느끼는 감정은 시기와 질투라는 것을 안 뒤 나는 여자를 좋아하는 사람인 것을 깨달았다. 아직 사랑을 경험해 보지 못했던 나는 같은 성별의 사람을 좋아한다는 마음 자체가 죄스러웠다. 나의 정신 혹은 마음 어딘가가 고장이 나서 정상적이지 않은 감정을 느끼고 있는 거라고 생각했다. (그렇게 생각했던 이유는 종교와 가정환경 때문일 거라 생각했는데 종교적인 이유가 조금 더 크게 다가왔었다. 어려서부터 항상 술과 담배, 동성애는 용서받지 못할 큰 죄악이라고 배우며 자랐기 때문이다.) 당시 나는 친구나 가족들에게 말을 할 수가 없어 답답한 나머지 회장 언니에 대한 고민을 인터넷 익명 사이트에 올려둔 적이 있었다. 그리고 나의 고민 글에는 여러 사람의 답글이 달렸는데, 사춘기의 학생들은 동경과 사랑을 착각하기도 한다며 이성 친구를 사귀면 나아진다는 답글이 많았고 또 그런 마음이 들어도 성인이 되어 결혼을 하고 자녀를 가지면 다 괜찮은 거라는 글도 몇 있었다. 지푸라기라도 잡는 심정으로 나를 좋아하던 남자아이와 첫 연애를 시작했다. 인터넷 답글의 말처럼 나도 남자친구를 사귀면 나아질 줄 알았다. 변할 수 있을 줄 알았다. 1년 남짓 시간이 흐르고 내가 여자를 좋아한다며 쑥덕거리던 소리는 남자친구 덕에 사라졌지만 나는 변하지 않았고 오히려 시간이 지날수록 무언가 크게 잘못되었다는 생각을 하게 되었다. 그리고 나를 많이 좋아해 주던 남자친구의 얼굴을 볼 때마다 알 수 없는 죄책감에 마음이 괴로웠다. 그렇게 고등학생이 되고 대학생이 되면서도 동성애는 죄라는 목사님 설교 말씀과 주변 사람들의 말에 나는 특별히 반박하지 않았다. 그저 목 언저리가 꽉 막히도록 나의 마음을 숨기고 참아왔다. 누군가는 이 글을 보며 답답해할지도 모르겠지만 중학생 무렵부터 20대 중반, '나는 동성애자이며 아프고 어딘가 고장 난 사람이 아니야. 그냥 여자가 좋을 뿐이야'라고 인정하기까지 그만큼의 시간이 걸렸다. 좋아하는 사람이 생기면 일 년이고 이 년이고 마음을 숨기기 바빴고 멍청이처럼 곁을 맴돌며 바라만 보았다. 늘 아무것도 시작하지 못한 채 끝이 나버렸다. 첫사랑 선배가 대학에 가면서 동네를 떠나기 전까지, 선배의 세 번의 연애를 지켜볼 수밖에 없었고 내가 할 수 있었던 일은 새벽마다 언니에게 하고 싶은 말들을 문자에 적었다가 지우기를 반복하는 것뿐이었다. 그 후에 고등학교, 대학교 시절 좋아하게 된 친구와도 마찬가

지였다. 스스로 동성애자라고 인정하지 못했던 나는 그 누구에게도 고백할 수 없어 그저 친구와 동료로 그들 곁에 남을 수밖에 없었다.

( )

아무도 모를 그 소중한 마음을 위와 아래가 뚫려있는 괄호 안에 두었다기보다는 완전한 원안에 가두어두었던 것이다. 위아래로 작은 바람구멍 하나 없는 원안에서의 마음은 시간이 흐를수록 곪아 갔고 종국에는 종교가 되었든, 스스로 결단을 내리지 못하는 나에게가 되었든 어딘가를 향하는 분노에 가까운 형태가 되기도 했다.

대학생 때 좋아하는 친구와의 술자리에서 그녀에게 좋아하는 사람이 생겼다는 말을 들었다. (그 친구를 좋아하게 되고 나서 아마도 네 번째 연애였던 걸로 기억한다.) 그녀의 이야기를 들으며 혼자 술잔에 술을 채우고 비우며 생각했다. '나는 평생 좋아하는 사람에게 마음 한번 전하지 못하고 이렇게 연애 고민만 들어주며 살겠지? 그리고 나이가 차면 선을 보고 나와 얼추 맞을 것 같은 남자를 만나 결혼을 하고 아이를 낳고, 그렇게 살게 되겠지. 평생 사랑이란 게 뭔지도 모른 채 그냥 아무도 반대하지 않는, 다들 사는 그런 삶으로 살아가면 정상이 되는 거겠지.' 평상시 이런 생각 뒤에는 "아니야 나는 행복하게 잘 살 수 있어. 혹은 나아지겠지 꼭 사랑이 다는 아니니까 좋아하는 일을 하며 잘 살아 보자!" 등의 혼잣말로 마무리가 되었는데 그날은 왜인지 '그렇게 살아갈 필요가 있나? 왜 그렇게 살아야 하지?'라는 생각이 강하게 들었다. 그쯤 되니 스스로를 인정하고 하지 않고의 문제가 아니라, 나라는 존재가 그저 잘못 태어난 사람인 것만 같았다. 태어나지 말았어야 했는데 누군가의 실수로 잘못 태어난 삶이라 이렇게 살아가는 것만 같았다.

'좋아하는 마음 자체가 죄가 되는 사람, 그런 사람이 살아갈 필요가 있을까?'

그날 술자리가 끝난 후 나는 정말 스스로 죽어버릴 것 같았다. 무던하게 잘 숨겨왔던 10년이었는데, 유독 버틸 수 없었던 밤이었다. 억울했고 내가 뭘 그렇게 잘못한 건지, 왜 내가 죄인이라고 하는지 도무지 인정할 수 없었다. 밤새 신에게 편지를 적었다. 분노와 울음과 물음을 담아 공책 한가득 누군가를 향한 유서 같은 편지를 적어두고 해가 밝자마자 본가로 향했다. 가족들을 앉혀두고 나는 여자인데 같은 여자가 좋다고, 맞아 죽을 각오를 하고 이야기했다. 역시나 집안은 발칵 뒤집혔고 그날 저녁 안방에는 빨간색 플라스틱 농약병이 3개 놓여있었다. 먹고 다 같이 죽자던 엄마의 말에 나는 떨리는 목소리로 물었다.

"사람이 사람을 좋아하는 마음이 왜 죄가 되나요."

그렇게 가족에게 시한폭탄과도 같은 말들을 던져두고 안방에 놓여있던 농약병이 걱정스러웠음에도 다시 집을 나와 좋아하던 친구에게 가서 숨겨왔던 마음을 고백했다. 앞뒤 설명 없이 토해내는 나의 말을 친구는 조용히 들어 주었다. 그동안 얼마나 힘들었냐며 울음을 참는 나 대신 펑펑 울며 나를 안아 주었다. 나는 스스로를 인정하는 데 10년이 더 걸렸는데 친구는 그저 울며 안아줄 뿐이었다. 집으로 돌아와 밤새 농약병과 친구가 해주던 위로의 말들을 떠올리며 다짐했다. 죽고 싶지 않다. 살고 싶고 좋아하는 사람과 사랑이란 걸 해보고 싶다. 그냥 내 모습 그대로 살자고, 그 결과가 어찌 되든 이제는 스스로를 받아들이자고 그렇게 다짐하고 다짐했다.

스스로 동성애자임을 받아들였고 곪아있던 마음들은 조금씩 해소되기 시작했다. 천천히 나의 마음이 가는 곳을 똑바로 바라보며 살 수 있게 되었다. 하고 싶은 일을 시작했고 좋아하던 사람들을 만났다. 그렇게 20대 중후반이 되어서야 정말로 마음이 끌리던 사람과 연애를 시작할 수 있었다.

완벽하게 막혀있던 원이 위아래가 통하는 괄호가

되고 그 괄호마저 없어지는 날이 왔다. (손으로 괄호 모양을 만들다가 손끝의 위쪽을 살짝 벌려 보고 거기에 얼굴을 가져다 두어보자. 꽃이 된다.) 원이 괄호가 되고 괄호는 꽃이 되고 그 꽃은 나중에는 기어이 힘껏 벌린 양팔이 되어 나의 앞에 서 있는 누군가를 껴안아 줄 수 있는 모양이 된다.

혼잣말이 스스로에게 하는 고백이었다가, 반복하면 다짐이 되고 결국에는 누군가에게 사랑을 속삭일 수 있게 되는 것처럼.

( )

현재 연인에게 이런 말을 한 적이 있다. "나의 첫사랑이 당신이었다면, 혹은 나의 첫 연애가 당신이었다면 그리고 내가 20대 초중반에 당신을 만났다면 우리는 이렇게 사랑을 나눌 수 없었을 거예요. 그리고 당신이 날 좋아하지도 않았을 거고요. 그때의 나는 정말 별로였거든요."

지금은 가재가 사는 개천가에서 시간이 될 때마다 개울을 들여다보는 사랑을 하고 있다. 가재가 좋으면 내가 개천으로 가면 될 일이다. 나는 졸졸 흐르는 개천의 가재가 좋다. 인형 놀이를 하고 고무줄뛰기 하는 거 말고 산으로 천으로 가재를 따라 뛰어다니는 내가 정말 좋다.

그리고 사랑하는 이에게 계속 당신 옆에 있겠다고, 있는 힘껏 양팔 벌려 당신을 안아 주겠다고 다짐하는 삶을 살고 있고 그 삶이 나의 미래와 종교, 가족과 주변 모두를 염려하며 스스로의 마음을 속이던 날들보다는 훨씬 더 찬란한 삶이라 생각한다.

양손을 무리하게 꼭 움켜쥐고 놓지 않은 채 넘어져서 터져 죽어버린 가재와 죽은 가재를 보며 울던 어린 나의 모습. 내 괄호의 마음들은 그랬다. 말하지 못해서, 스스로를 인정하지 못해서, 내가 내 마음을 안아주지 못해서 턱이 까지듯 마음이 까졌고 품었던 가재마저 죽였다. 스스로를 인정하고 누군가와 사랑을 나눌 수 있게 되기까지 오랜 시간이 걸렸고 그 시간 동안 참 많이 아프고 외로웠다. 이 글을 읽는 누군가가 과거의 나와 비슷한 괄호나 원안에서 스스로의 마음을 가둬둔 채로 있다면 이 어설픈 경험담이 조금의 위로가 되기를 바란다. 꼭 지금 당장이 아니더라도 언젠가는 원안에서 자책하는 마음이 괄호가 되어 숨통이 트이기를, 그리고 또 언젠가는 두 팔 벌린 괄호의 모양으로 누군가를 안아주고, 누군가에게 안길 수 있기를.

누군가를 좋아하는 마음은 잘못된 것이 아니라고, 누구든 사랑할 수 있는 자격이 있다고.
스스로를 사랑할 수 있게 되는 그날이 올 때까지 당신의 삶과 마음을 응원한다.

(손으로 괄호 모양을 만들다가

손끝의 위쪽을 살짝 벌려 보고

거기에 얼굴을 가져다 두어보자.

꽃이 된다.)

최첨단 사랑 기술

신유보

잘 미루는 사람. 주로 시, 또는 시적인 텍스트를 통해 세계와 마주한다. 『집, 어느 민달팽이의 유랑』, 『하지가 지나고 장마가 끝나도』, 『애정 재단』, 『빈집과 공명』 등.

사랑은 연애나 섹스가 아니다. 사랑은 결혼도 아니다. 희생도 배려도 연민도 시혜도 전부 아니다. 사랑은 그 모든 것이고 그 무엇도 아니다. 사랑은 사랑이다. 여름이 여름인 것처럼, 바람이 바람인 것처럼, 내가 나인 것처럼. 이 입장을 글로 표현해 내기로 마음먹음과 동시에 선명한 예감이 든다. 많은 사람을 설득하지도, 이해시키지도 못할 거라는 예감. 슬프거나 아쉽지 않은 아주 빤한 예감.

세상은 하루가 멀다고 사랑을 말하거나 사랑에 대해 말한다. 사랑이라고 믿는 것들을 실천하고 사랑을 감상한다. 그리고 반대편에서 홀로 조용히 동의하지 않는 내가 있다. 그들이 말하는 사랑을 믿지 않는다. 어떻게 그럴 수 있는지 묻는다면 정확하게 설명하길 실패한다.

그들이 사랑이라고 믿고 내게 보여주고 쥐어준 것들이 나를 갉아먹고 파괴하게 된 결말을 무엇으로 설명할 수 있지? 그 누가 진짜로 사랑하지?

벼락같은 날들이다. 그런 날이 계속 이어지고 있다. 내가 사랑하는 것들을 매일 조금씩 버린다. 책도 버리고 그림도 버린다. 편지도 버리고 사진도 버린다. 몇 해를 함께 보낸 크리스마스트리도, 스투키도. 아끼던 머그컵도 버리고 예뻐서 두었던 초콜릿 상자도 버린다. 나에 대해 계속 이야기하다 보면 내가 사라지는 경험을 하게 된다. 자기 증명에 사활을 걸며 기도문을 되풀이하듯 나에 대해 말하다 보면 어느새 부식되어 바닥에 흩어진 파편이다.

사람들은 저마다의 방법으로 자신을 사랑한다. 자아를 사랑하고 자신이 사랑이라고 믿는 것의 실천을 사랑한다. 기꺼이 속는 게 사랑이라면 맞다, 우리 모두 분명히 사랑하고 있다. 그리고 아무리 노력해도 더는 속지 않는 내가 있다. 사랑이라는 말의 오염에 대해 생각한다. 구축과 유지를 위해 사랑이라고 합의한 감정과 약속과 관계에 대해 생각한다. 사랑이 하찮아 보인다. 사랑이 부질없게 느껴진다. 사랑이 불편하다. 이렇게까지 생각하는 지경이 안타깝고 억울하다. 깜빡 속아 넘어가고 싶다. 불현듯 정신을 놓고 싶다. 그들의 사랑을 나도 하고 싶다. ……, 아니 그렇지 않다. 나는 내가 믿는 사랑을 하고 싶다. 진실되고 깊게. 순정하게. 그래서 내 안에 잔재처럼 남은 기존의 사랑을 찢고 부수고 꺾고 태우는 중이다. 그렇게 사랑의 내핵으로 파고드는 중이다. 치장과 사족을 전부 걷어내는 것이라 믿는 오만을 저지르려 한다. 기필코 정확하게 사랑하기 위해서 한다.

살기 위해 반드시 하는 일은 의외로 사랑이다. 사랑하기 위해 밥을 먹고 사랑하기 위해 잠을 잔다. 때로는 사랑하기 위해 돈도 번다. 그 사실을 쉬이 잊는다. 그래서 불행해진다. 불행을 털어내고 그 자리를 사랑으로 채우는 방법은 사랑을 받는 일이 아니다. 기꺼이 사랑을 하는 일이다. 갈구할수록 바닥나는 게 사랑이다. 고

갈될수록 해야 하는 게 사랑이다. 스스로 사랑이라고 믿는 방향으로 묵묵히 걸어 나가는 게 내겐 사랑이다. 그래서 주고받을 사람이 없어도, 혹은 모두와 주고받아도 괜찮은 게 사랑이다.

이따금 애인들이 외로워할 때면 나는 사랑의 무능력자가 된다. 나의 믿음이 좌절한다. 곁에 있고, 같이 먹고, 안고 자는데, 다 해놓고 나를 내치려 든다. 이전부터 있던 저마다의 구멍을 나에게 채우라고 한다. 그것이 나의 역할이라고 한다. 나는 최선을 다해 뒤에서도 끌어안고 앞에서도 끌어안는다. 우리의 몸 곳곳에 있는 곡선을 느껴 봐. 무엇을 어떻게 더 채워야 하는데? 묻고 싶다. 살면서 타인의 구멍을 단 한 번이라도 채웠던 적 있다고 생각하는지. 그런 능력이 인간에게 있다고 생각하는지. 각자가 각자의 모양대로 있을 수 있을 때, 그렇게 있어도 아무 불안도 허무도 느껴지지 않을 때 그때부터 사랑의 갈고 닦음은 제대로 일하기 시작한다. 구멍을 그대로 보고 그것의 냄새를 맡고 그것의 진동을 느끼며. 나를 제대로 매만지려면 나를 그대로 두어야지. 나를 너의 구멍에 구겨 넣고 어떻게 나를 정확히 바라볼 수 있겠니. 나의 제대로는 내가 생겨 먹은 그대로. 너의 제대로 역시 네가 생겨 먹은 그대로. 사랑을 믿지 않으면서 사랑하려 들지 말자. 사랑마저 주입식으로 해야겠니, 우리?

    사랑의 부귀영화는 아무도 그 어떤 역할을 하지 않음과 동시에 모두가 자신의 역할을 할 때 찾아온다. 이것은 공동체적 협력과 개인의 안위 보존이 동시에 일어나는 상태다. 우리는 모두 기울어진 존재라 모두가 원래 방향의 다른 쪽으로 조금씩 기울어야 세상은 비로소 수평이 된다. 기울어진 상태로 꼿꼿하면 쓰러진다. 저만의 각도로 기울어진 존재를 꼿꼿한 상태에서 당기면 상대는 부러진다. 우리는 그 누구든 부러뜨릴 요량으로 사랑하지 않지만 나는 결국 부러진 사람들을 본다. 부러지고 봉합하길 거듭한 나를 본다. 나는 그만 부러지고 싶다. 그런 게 사랑의 순리라면 사랑을 거부하고 싶다. 차라리 누워만 있고 싶다.

세상의 만성적 사랑은 나를 이토록 정적으로 있게 한다. 나를 흔들지 못한다. 나를 적시지 못하고 날뛰게 하지도 못한다. 나는 진동하고 싶고 질주하고 싶고 춤추고 싶다. 나의 정중앙에 예리하게 파고들어 나를 몸부림치게 할 사랑을 발굴하고 싶다. 실은 내 안에 있지만 이름 붙이지 못한 그것을 캐내어 세상에 던져버리고 싶다.

나의 사랑아, 튕길 때마다 복제하는 탱탱볼이 되어라. 견고하게 이뤄진 기존의 만성을 뒤흔들고 무너뜨린 뒤 내게 돌아와라. 돌아올 때는 그 전보다 폭발하는 생동감으로 나를 때려라. 그런 장면을 상상한다. 경계가 의미 없어진 이후의 장면을. 나의 안과 밖이 엉키고 번진 장면을.

사랑은 대머리다. 사랑은 장발이다. 사랑은 옆구리다. 사랑은 오금이다. 사랑은 햇살이다. 사랑은 스콜이다. 사랑은 나무다. 사랑은 옹이다. 사랑은 과일이다. 그 과일의 낙하. 사랑은 곤충이나 동물이 그 과일을 먹는 일이다. 아무 데나 씨가 뿌리내려도 되는 평원이다. 사랑은 그곳에서 하는 산책이다. 사랑은 산책하다 자는 낮잠이다. 사랑은 그러다 더울 때 옷을 벗는 일이다. 벗고 벗다 더 이상 벗을 옷이 없는 상태다. 사랑은 나체다. 모두가 나체다. 나체들이 평원으로 향하는 중이다. 사랑은 평원에서 추는 춤이다.

어떤 기술의 무용은 언제나 더 진보한 기술이 해낸 증명이다. 나는 어쩌면 내 사랑이 소용없길 바란다. 내가 제대로 완전히 부정되길 바란다. 구멍에 구겨 넣는 사랑이 실은 가장 정확하게 꼭 맞는 사랑이라면, 그 또한 한편으로는 진심으로 바란다. 이리저리 요동치다 지쳐 쓰러진 나를 사람들이 비웃고 손가락질해도 좋을 테다. 만약 내가 더는 맞지 않다면, 사랑의 진실을 파고들다 모순이란 벽에 튕겨 나온 나의 화살이 나라는 과녁에 명중한다면, 나는 당신의 구멍으로 기어서 들어갈 준비가 되어있다. 무릎도 정수리도 전부 내어주겠다. 나는 조금도 두렵지 않다. 정말로 다가올 그것이 사랑이라면.

괄호의 얼굴

비밀이 아름다워지길 바라는 마음으로 씁니다.

눈이 얼굴의 전부였던 코로나 시기에, 나는 나를 가릴 수 있다는 사실이 좋았다. 감정이 표정에 너무 잘 드러나는 탓이다. 그때는 웃지 않아도 웃을 수 있었다. 그러나 그 생각을 나만 가진 것은 아니었다. 애초에 나도 나를 숨겼으니까. 모든 사람이 진짜 같지 않았다. 나를 못 믿으니 다른 사람의 눈을 믿을 수 없었다. 하지만 밀어내고 밀어내도 곁에 남는 사람들이 있었다. 마스크를 벗고 입술을 떼는 사람들이 있었다. 그 사람들과 마주 볼 때는 눈과 입만 보게 되었다. 어떤 말을 할 때 눈이 달라지는지 보고 싶었다. 그때 알았다. 입으로 하는 말은 속일 수 있어도, 눈의 떨림이나 반짝임은 속일 수 없다는걸.

괄호를 옆으로 눕히면 눈처럼 보인다. 그곳에 가로

선을 그리면 입술이 된다. 눈을 감았다 뜨는 것처럼 입술을 닫았다 여는 일. 나는 괄호 속에서 누군가의 목소리가 들리는 것 같다. 그가 괄호 안에 있다.

그와 나는 같은 초등학교에 다녔다. 내가 수도에서 지방으로 전학을 갔을 때, 우리는 같은 반이었다. 나는 반에서 키가 가장 작았고 그는 가장 컸다. 그때는 키 순서대로 사물함을 배정받았는데, 그래서 우리의 사물함은 거리가 멀었다. 그러나 서로의 사물함 앞을 자주 서성거렸다.

새 학기의 분위기를 풀고자 담임 선생님이 마니토를 주선했다. 우리는 서로의 마니토였다. 기간은 한 달이었고, 규칙은 간단했다.

짧아도 좋으니 매일 편지를 써줄 것.
자신의 마니토를 들키지 않게 도와줄 것.

나는 악필이었지만, 편지를 쓸 때만큼은 손자국이

생길 정도로 펜을 꽉 쥐고 썼다. 내용은 너무 간단해서 아직 기억하고 있다. '넌 내가 누군지 모르겠지만, 나도 네가 누군지 몰라.' 마니토는 상대방을 알고 있다. 하지만 전학생인 나로선 그에 대한 정보가 없었다. 그러니까 어떻게 보면 맞는 말이었다. 그렇게 편지를 보냈더니 그도 똑같은 말을 써서 내 사물함에 넣어두었다. 물론 그때 당시에는 그게 그일 거라고는 상상도 하지 못했다.

그는 농구를 좋아했다. 슛도 잘하고 드리블도 잘했다. 반대로 나는 농구를 좋아하긴 했으나 잘하진 못했다. 자세가 영 엉망이었다. 그래도 방과 후엔 매일 농구장에 갔다. 힘겹게 점프하며 농구공을 던지고 있을 때면, 그도 옆에 와서 같이 공을 던졌다. 나는 던지는 족족 골을 넣는 그가 부러웠다. 한 편으로는 질투도 났다. 그를 피해 반대편 농구대로 자리를 옮기면 그도 따라왔다. 그리고 어느샌가 그는 내 자세를 교정해 주고 있었다.

편지는 계속 주고받았다. 그때는 편지를 쓰는 법을 제대로 몰라서 무작정 멋져, 최고야, 같은 말들만 늘어놓았다. 그의 편지는 농구에 관한 이야기로 가득했다.

커리나 조던 같은 사람이 될 거라고. 나는 2주도 채 되지 않아서 그가 누구인지 알았다. 그는 매일 농구 유니폼을 입고 왔으니까. 그러나 나는 아는 척하지 않았다. 들키면 벌칙이 있다던 선생님의 말을 진심으로 믿었다. 매일 농구 친구가 되어주던 그가 혼나는 모습을 떠올리기 싫었던 것 같다.

그는 하루도 거르지 않고 내 자세를 고쳐주고, 옆에서 지켜보았다. 내 몸이 뻣뻣해서 말을 안 들을 때마다 내 뒤에 와서 마네킹처럼 팔을 대신 움직여주었다. 그 모습을 근거로 친구들이 놀려댔다. 둘이 매일 얼레리꼴레리 한다면서. 그 말을 듣기 전까진 그의 행동이 내게는 아무렇지 않았다. 그러나 그 이후로 그의 행동 하나하나가 자꾸만 두려웠다. 나는 친구들의 시선을 엄청 신경 쓰는 성격이었다. 전학생인 내가 다른 친구들과 잘 어울리지 못할까 불안했다.

소문은 빠르게 퍼져 나갔다. 그 당시 아이들은 말 한마디에 지구도 멸망시킬 수 있었다. 또 그걸 그대로 믿었다. 소문을 전해 들은 담임 선생님이 우리를 불러냈다. 그리고 우리보고 남자답게 살라고 했다. 그건 어떻게 하는 거냐고 그가 물었더니, 남자는 여자를 좋아해야 한다고 답했다.

다음 날부터 나는 농구장에 가지 않았다. 그럼에도 불구하고 그는 매일 농구를 했다.

마음이 이상했다. 그도 좋고 다른 친구들도 좋은데, 담임 선생님도 좋은데, 모두가 나를 싫어하는 것 같았다. 나를 놀리거나 혼내지 않는 사람은 그가 유일했다. 그러나 그의 옆에 갈 수 없었다. 두 마음이 내 안에서 계속 충돌했다. 그 갈등을 편지로 풀어냈다. 얼마 남지 않은 마니토 기간 동안 거의 모든 편지가 서로에 관한 내용이었다. 그를 잃고 싶지 않았다. 내 이름을 제외한 채 나의 정보를 서술하기도 했다. 나를 좀 알아봐 줘, 하는 마음이었나.

마니토의 정체를 밝히는 날이었다. 담임 선생님이 사물함 번호를 부르면 그 사람의 마니토가 손을 드는 방식이었다. 키가 가장 작은 내 번호부터 불렀고 그가 손을 번쩍 들었다. 나는 괜히 반가운 마음이 들었지만, 최대한 티를 내지 않으려고 했다. 그리고 마지막이 되어 그의 번호가 불렸을 때 내가 손을 들었다. 그는 놀라지 않았다. 그도 이미 알고 있었다는 눈치였다.

담임 선생님이 각각의 마니토들에게 무엇을 도와주었는지 물었다. 나는 대답하지 못했다. 그가 농구 자세 교정을 도와주었다고 말하면, 친구들이 또다시 놀릴 것 같았다. 반면에 그는 내가 그의 친구가 되어주었다고 대답했다. 친구들이 곳곳에서 얼레리꼴레리를 외쳤다. 나는 그가 아니라 다른 친구들을 선택했다. 그에게 내가 왜 네 친구야, 라고 소리쳤다.

다음 해에, 나는 집안 사정으로 다시 수도에 돌아왔다.

지금의 나에겐 그의 전화번호도, 이름도 남아 있지 않다. 단지 그의 눈과 입술만이 기억날 뿐이다.

다시 괄호를 보니까, 아래에서 올려다보던 골대가 보이는 것 같다. 기어코 혼자 성공하지 못했던 그 골. 그가 옆에 있어야만 잘 들어가던 골. 한 손으로는 골을 넣기 힘든 것처럼 나는 단 하나의 이름을 소화하기가 힘들다.

나는 너무 많은 시선을 피해 살아왔다. 도망치는 게 정답이라고 믿었다. 그리고 요즘 그걸 가장 후회한다. 그 시작을 더듬다가 그를 발견한 것 같다.

집에선 가끔 발목까지 내려오는 긴 치마를 입는다. 빈티지 가게에서 우연히 보고 예뻐서 샀는데 편하다. 그리고 그걸 입고 산책할 때도 있다. 나는 여전히 사람들의 시선을 느낀다. 남자답게 살라는 말이 잊히지 않는다. 누가 끊임없이 귀에 대고 속삭이는 것 같다. 그런데, 나는 정말 남자가 아닐까?

미국의 어느 주에서는 자신의 성별을 자기가 정할 수 있다고 한다. 우리는 성별을 선택할 수 없으므로, 나는 그것이 좋은 제도라고 생각했다. 만약 나에게도 성별을 선택할 기회가 온다면. 나는 그걸 괄호 속에서 고민하고 싶다. 어린 나에게 무엇이 되고 싶었는지 묻고 싶다. 그리고 어린 그에게, 농구 한 번 하자고 말하고 싶다.

나가며

　감춘 사랑 혹은 감싼 사랑. 괄호 안에 넣어둔 열다섯 개의 하트. 열다섯 명의 작가가 고이 담아둔 이야기를 꺼내 놓았습니다. 책을 맺으며 확실하게 알았습니다. 이 책에 담긴 글은 모두 괄호 속에 감춘 마음이 아니었음을. 괄호로 감싼 소중한 이야기임을. 이토록 찬연한 하트들이 각자의 괄호 속에 감싸인 채로 남아있었다는 사실에 감동하지 않을 수 없었습니다.

　용감하고 다감한 이들의 글을 엮으며 가득 채워지는 기분을 느낍니다. 흔치 않은 일입니다. 그래서 더 꽉 껴안고 싶습니다. 수록된 글을 한 편씩 읽고 책장을 넘긴 당신이 이 책을 덮으며 느낀 감각을 오래 기억할 수 있도록 저의 괄호를 열어둔 채로 머물겠습니다. 닫히지 않은 이곳으로 들어오기를 기다립니다. 왜냐하면 여전히 부족하기 때문입니다. 당신에게 내 마음을 전한 횟수

가, 사랑한다 말한 시간이. 아직도 꺼내지 못한 하트들이 깊은 곳에 가득합니다. 마침표를 찍고도 끝나지 않은 문장처럼, 주석을 달듯 괄호로 문장을 덧붙이는 마음으로, 아직 꺼내지 못한 우리들의 하트가 모두 괄호 밖에 놓일 수 있을 때까지.

당신의 하트는 무엇으로 채워져 있나요.

괄호 안 하트

copyright ⓒ 시절, 2024

1판 1쇄 | 2024년 10월 18일

글
강우근	백팩	이영훈
강혜영	류호우	이하가람
곽다영	신유보	정경훈
김나연	어진	정규환
김소현	오종길	킴(김기환)

기획·책임편집 | 오종길

표지 디자인 | 박주현
내지 디자인 | 김현경

출판등록 | 2023년 7월 20일 제 2023-000072호
이메일 | sijeol.book@gmail.com
SNS | @si.jeol.book

ISBN 979-11-988531-3-4 (03810)

*이 책의 판권은 시절에 있습니다.
*이 책 내용의 전부 또는 일부를 재사용하려면
 반드시 펴낸곳을 통한 서면 동의를 받아야 합니다.